日教組のけもの道

組合員の生きた運動と交流

渡久山　長輝

渡久山長輝著『日教組のけもの道』出版によせて

日本教職員組合中央執行委員長　瀧本　司

けもの道、とは刺激的なタイトルであるなというのが第一印象だった。だが、けもの道への「入り口」「迷い込み」と続いていると、なるほど、この道へ迷い込んでしまったというのは言い得て妙であるなとも思えてくる。

私の個人的な話になるが、渡久山さんのお名前は当然存じ上げていたものの、時期的にご一緒したことがなく、中教審の委員であった印象が強かった。ゆえに今回、この本を読んでみて初めて知ったことがたくさんあった。特に、本書には実際に当事者であった渡久山さんから見た、日教組の大会ごとの「裏話」ともいえるエピソードが散りばめられている。そういうことがあった、と話だけで聞いていたことが、臨場感をもって立体的になり、眼前に顕在化するかのような筆致である。

渡久山さんのいらした時期の日教組は、激動の二〇年とも呼べる時期であり、その真っ最中に活躍しておられた中には、ご苦労が山ほどあったであろう。本には書けない想いも数多くお持ちだろうと推察する。内も外も大変な中で、地道にとりくまれてきた活動史の一端を垣間見せていただいたようで、この時期の日教組を記録として残していただいたことに感謝したい。

本書の中には文部省（当時）とのやりとりの話もある。昔も今も、学校現場をよくしていくためには、いわゆる「政治頼み」となる局面がある。しかし、昔も今も変わらずに大切なことは、学校現場の実態に立脚し、課題をとらえ、それを改善するための方策を考え、政策として反映させていくというような、地道な一つひとつの積み重ねであろう。そういう地道な一つひとつが、現場からの教育改革というものにつながっていく。

渡久山さんが迷い込んでしまった道は連綿と続き、今、縁あって私もそこを歩いている。きっとこの道は今後も続き、迷い込んでしまったと思いながらもその道を歩く人が何人も出てくるのだろう。私も諸先輩方を見習って、今後も地道に一つひとつのとりくみを積み重ねて、努力していきたいと思っている。

それを見届けていただくためにも、渡久山さん、これからもどうぞお元気でいらしてください。

渡久山長輝著『日教組のけもの道』を推薦する

日本大学 教授　広田照幸

私が渡久山長輝さんと知り合いになったのは、今から二〇年も前、二〇〇三年のことでした。渡久山さんはその頃、中央教育審議会（中教審）の委員でした。知り合いの研究者から「渡久山さんが中教審でどういう発言をするべきか、助言をしてほしい」と頼まれて、勉強会に出席したのが最初の出会いでした。そこで私が何を話したのかはもう忘れましたが、渡久山さんのざっくばらんな人柄には魅了されました。

しばらくはそれっきりになりましたが、その後、私はひょんなきっかけで日教組の歴史を研究することを決意し、二〇一二年から二〇人ほどのチームを作って研究を始めました。そのときに最初に聞き取りをさせてもらったのが、渡久山さんでした。

というのも、今の日教組を理解するポイントは二つあり、そのときの当事者にまず話を聞かないといけないと考えて、真っ先に頭に浮かんだのが渡久山さんだったからです。ポイントの一つは、一九八〇年代半ばに日教組で生じた内部の紛糾――いわゆる「四〇〇日抗争」――で、もう一つが一九九五年の日教組と文部省との「歴史的和解」でした。渡久山さんは四〇〇日抗争時には日教組の総務部長で、歴史的和解のときには書記長でした。そのため、まだ日教組に知り合いが少なかった当時の私にとって、渡久山さんほど格好の聞き取り対象はいなかったのです。

私からのお願いに、渡久山さんは快く応じて下さいました。「あれも話しておこう」「これも話しておこう」と歴史の当事者として積極的にお話し下さり、たくさんの貴重な証言を得ることができました。渡久山さんのお話は、私たちが一九八〇～九〇年代の日教組についての研究成果をまとめる上で、かけがえのない情報源になりました（広田編『歴史としての日教組 下巻―混迷と和解―』名古屋大学出版会、二〇二〇年）。

渡久山さんは二〇〇九年に『日教組の散歩道』（郁朋社）という本を出されていました。ですが、聞き取りの際に、渡久山さんは「もっと裏にあった話もそのうち書くよ」とおっしゃっていました。私は「そうですか、ふーん」と聞き流していましたが、まさか「散歩道」の次の本が「けもの道」という題名になるとは、思いもよりませんでした。

渡久山さんが日教組で活躍された一九八〇～九〇年代は、戦後に作られた保守―革新対立の時代の大きな曲がり角にあり、日教組においても方向性をめぐって内部で大変な議論がなされた時期でした。その当時の日教組の中心部分にいた渡久山さんがこういう本を出されることについては、一人の歴史研究者として、あの時期を一歩一歩たどり直してみることができるという点で、率直に「ありがとうございます。そしておめでとうございます」と言いたいです。題名はもう少し上品なものにしてほしかったけれど、貴重な証言と記録の本になっていると思います。

はじめに

この本は、一九七七年から一九九八年までの二十年間にわたる日教組での「定期大会とできごと」を記述したものである。

この期間には、主任制闘争、四〇〇日抗争、労働戦線統一、運動方針の転換、旧文部省との和解など、変化に富む運動の展開が見られた。

日教組七〇年の歴史の中でも、大きな節目をいくつも経験した時期の日教組運動について、その運動の中心にいた者が書き残すことには大きな意味があるだろう。

日教組を退職してずいぶんと年月が経った。退職後、私はなんとか生きながらえている。同じように生きながらえている人々を励ましたく、また、他界された人々を偲ぶ意味も含め、これまで出会ってきた人たちに感謝をこめて徒然に思い出を書き綴った。

ゲーテ作だったと記憶している古い詩を一篇紹介したい。

越え行く　山川
果てしなき道を
けもの引き連れて
さすらうこの身
身過ぎ世過ぎの　浮世の旅路
身過ぎ世過ぎの　浮世の旅路

私の人生も、かくのごときと思っている。

目次

第六章　各県教組・高教組との思い出の数々……163

第一章　日教組のけもの道への入り口

(一) 分会（学級担任・学年主任）から日教組中央執行委員へ

私が勤務していた川崎市立工業高等学校（以下、工業高校）に、神奈川県教職員組合（以下、神教組）の書記長であった小林正さんから突然電話がかかってきた。一九七七年のことである。「今週中に会えないか」と聞かれたので、私は「明後日ならあいています」と答えた。「では、神教組に六時に来てくれ。少し話があるから」と言われ、「はい」と応じた。

その頃の私は、六年ほど続けた川崎市教職員組合（以下、川教組）高校部の非専従組合役員の任期を終え、学校現場に落ち着いていた。組合役員の時は授業をしてはいたが、クラス担任や部活動の顧問等はやらず、他の教職員のフォローに回っていた。時間があると思われたのか、囲碁の好きな同僚から誘われ、よくわからぬまま囲碁の相手をすることもあった。今、たまたま地元の沖縄県石垣市で碁会所をやっているが、思い返せばあの頃囲碁をもっと真面目に習っておけば良かった。シチョウも知らず、誰にでも井目おいていた。

当日、神教組に出向き、小林さんの仕事が終わるのを待っていた。その日は執行委員会が開かれていて、神教組の露木委員長や繁里副委員長、福永書記次長に会った。その他の人たちとも久しぶりに挨拶を交わし、その後、小林書記長と二人で出かけた。私が川教組の役員をしていた頃は、帰りはバスか徒歩で神教組本部建物から坂道を下っていったものだが、その時は夕クシーで横浜駅まで行った。後で知ったことだが食事をしたのは老舗の店で、重要な会食によく使われていたところだった。

小林書記長は「トクさん（当時私はそう呼ばれていた）、今日はゆっくり飲もうな」と言って、私に日本酒を注いでくれた。私としては、小林書記長と会うのは久しぶりだったし、六年間組合で仕事をしたので、そのねぎらいでもしてくれるつもりなのだろうと、淡々と酒をいただいていた。そろそろ焼酎でも飲みたいな、と思った矢先にその話は切り出された。

「トクさん、あなた、日教組に行かないか」。

日本教職員組合の本部で役員—中央執行委員（以下中執）にならないか、と言われているのである。私はもう神教組のことも川教組のことも念頭になく、学校現場で忙しく学年主任として働いている生活だったので、まったく戸惑った。それから後の酒や食事のことは覚えていないし、会話は交わしたものの上の空で、二次会にも行ったが誰がいたのかもあまり記憶がない。

数日後に、川教組の森山書記長から電話があり、同じく川教組の小松委員長と森山書記長、神教組の露木委員長と小林書記長の四人と会うことになった。神教組側としては、現在派遣している日教組中執が今回も立候補すると、休職しての専従期間をオーバーすることになり、それを避けたいので私に一期でいいから頼みたい、ということであった。小松委員長は「この際、思い切って労働運動をやってみたら」との意見であった。露木委員長と森山書記長は「あなたが良ければ賛成だ。全面的に支援する」と私のことにも配慮してくださった。

私がこの時最も気にしていたことは、勤め先の学校現場の事情であった。特に当時の教頭から「渡久山くん、もう組合に出ることはないだろうな」と言われており、私も「はい、ありません」と決意を述べていた。だから、校務の経験も少ないのに年齢が年齢だったので、学級担任も学年主任もやらせてもらい、来年は受け持った生徒が卒業を迎えるという状況だった。そこを離れるというのはとても厳しく、決断ができなかった。

そのことについては、川教組が責任を持って学校や教育委員会と話をして納得してもらうようにすることを約束してもらい、私の日教組行きは決まった。日教組へ行くための手配は神教組がすすめることになり、事は順調にすすんだものの、私の気持ちは不安を引きずったままだった。

私は、かつて沖縄返還闘争をしていた頃、総評系の沖縄返還闘争の組織であった「沖縄連」の事務所が日教組本部のある会館の五階にあったので、日教組を数回訪ねたことがあった。当時はエレベーターが四階までしかなく、五階に行くには階段を使っていた。総評のオルグで

「沖縄連」を担当していた小波津さんを訪ねていった際に一度だけ、日教組の中小路書記長に会ったことがある。ただ、その場は挨拶のみで話したこともなかったし、日教組の本部事務所がこの建物にあるということしか知らなかった。内部のことは当然まったく知らず、今考えると本当に何もわからないまま、無謀な決断をしたものだと思う。

その日は酒で紛らわせたが、翌日からは家庭でも学校でも不安が拭えず、誰かを、何かを裏切っているような気持ちの日々であった。

数日後、校長室に呼ばれ、校長と教頭から話があった。日教組に行くことを許してもらい、事の首尾もすでに終わっているとのことだった。私の後任の学級担任と学年主任は既に決定しており、私は何度も何度もお礼を言って校長室を出た。組合には出ないと約束していた教頭には心からお詫びをしたかった。

一人の組合役員を出すためには、組合執行部をはじめ、学校や教育委員会の協力のもと、さまざまなことに配慮が必要である。当時の川教組は「良き組合員は良き教師である」というスローガンのもと、一〇〇%に近い組織率であった。「普段着の教師」が「普段着の組合活動」をする、そういう時代だった。

(二) 日教組本部を訪問

四月になって、いよいよ日教組への出勤である。ただし、何時にどこへ行けばいいのかはよくわからないままだった。七月の大会で私が執行委員に選出されることになっているのはわかっていたが、それまではどうすればいいのだろう。そのあたりをはっきり聞かなかったようで、戸惑っているうちに四月になってしまった。

四月五日頃―学校の始業式の日だったか、当時、日教組本部のあった教育会館は改装中で、一時的に西武池袋線の東長崎駅近くのビルに間借りしているとのことだったので、そこに行ってみた。事務所の方に来意を告げると「今日は誰もいません。明日来てください。午後がいいと思います」と言われ、そう言われるままにその日は新宿の居酒屋で泡盛を少し飲んで帰った。なんだか落ち着かなかった。

翌日午後に再度顔を出すと、昨日とは打って変わって多くの人で事務所は混んでいた。フロアは学校の職員室より大きかったが、書類や本が雑然としていて机上に無造作に積み上がっている。とても落ち着いて本を読んだり教材研究をしたりできるような環境ではなかった。

入り口の方に自己紹介をしたら、「少し待ってください」と言って奥の方へ行き、戻ってこられて「ここで少し待っていてください」とのこと。小一時間くらいすると、かつて会ったことのある人が出てきた。

「中小路です。渡久山さん、ご苦労さまです。大会まで、ここに来る必要はありませんよ。詳しいことは、○○さんに聞いてください」。

中小路書記長はそれだけ言って去っていった。

それからまた小一時間すると、東北弁を話す人ともう一人がやってきて、「少し行きましょう」と小さな居酒屋に連れ出された。東北弁の人は山本和夫総務部長、もう一人は斎藤雅彦組織部長だった。山本さんは福島県教職員組合の出身で、酒は飲まずいろいろと話された。斎藤さんは佐賀県教職員組合の出身で、私と酒を飲みながら話したが、日教組の話はあまり出ず、沖縄の話が多かったように思う。ただ、はっきりと覚えているのは、山本さんからの「あなたの四月分の給料は日教組からは出ませんよ。日教組の予算は大会で決まりますから」という総務部長らしい話であり、斎藤さんからの「あなたはまだ日教組の役員ではありません。七月の大会で選任されてから、日教組の執行委員ですからね」という組織部長らしい話であった。

「そうですか」と私は言ったが、何がなんだかさっぱりわからなかった。学校は四月からすべてが始まるというのに。

私の関心は、実際に給料が上がるのか下がるのかにあったが、その前に給料が出ないということは想像していなかった。すべては七月の大会で決まるということらしいが、それまではどうするのか。日教組にはそれまで来ないでいいと言われたし、給料も出ない。その日は不可解と不安な気持ちのまま帰途についた。学校の教師の感覚では理解できないことである。三月末に学校をやめてから、日教組の定期大会が開かれるまでの間、まったく宙ぶらりんなのだ。

日教組は規約上、六月に大会を開き、その年度の活動方針や各種の予算を決めることになっているが、さまざまな条件で時期が延びることがある。この年は国政選挙のため、七月だった。予算はその間、暫定予算を組んで対応するが、役員の任期は学校現場の実情とずれていて、どうしても空白期間ができてしまうことになる。この不合理さはその後も続いた。

なおこれは、私が総務部長になった時に、春闘方針や春闘戦術を決めるために三月に開催していた臨時大会を役員選挙の大会と位置付けることで、本部が四月から予算執行できるよう調整を行った。私の日教組への入り口にあった戸惑いの一つは、長い時間をかけて解消された。

さて、当時の私はそのまま宙ぶらりんの期間を過ごし、いよいよ執行委員に立候補するための各種届出書類を提出することになった。立候補届は神教組が、健康診断書は私自身が提出するということで、公立学校共済組合立の関東中央病院で健診を受けた。診断書の形式は日教組独自の書式であり、その検査項目のなかに「梅毒」が入っていた。健診にあたった院長が、

「渡久山さん、日教組は今頃『梅毒』検査を義務付けているのですか」と言いながら規定の検査を行い、異常はないということだった。私は院長の問い掛けの意味がよくわからず、かなり時間が経ってから山本総務部長にその旨話したら、翌年からは「梅毒」の項目は削除された。聞くところによると、敗戦直後の遺物であり、そのまま項目に残ってしまっていたらしい。

このほかにも、大きなことから小さなことまでさまざまな問題にあたりながら、私は日教組のけもの道への入り口をくぐったのである。

第二章　日教組のけもの道への迷い込み

(一) 日教組大会への初参加——中央執行委員への選任

七月になり、いよいよ日教組の定期大会が福島県で開かれた。前日は、神教組に指定された宿に泊まり、当日の早朝、神教組の役員や代議員とともに隊列をなして、厳しい警備の中を大会会場の県教育会館へと急いだ。到着すると、皆は決められた代議員席へ、私と数人は傍聴席に収まった。定期大会の始まる数時間前のことである。

議事運営委員、議長と着席して、書記次長の開会宣言、槙枝委員長の挨拶、中小路書記長の経過報告と前後して、来賓の挨拶があった。その中に海外からの来賓による英語での挨拶があり、さすが日教組だとその時は思った。

他に印象に残っているのは、岡木副委員長の運動方針の提案である。提案をあまりにも長々と話されていたものだから、議長から何回も注意されていたのだが止めず、議席の代議員からも「やめろ」とヤジが飛ぶような中で、あっさりと「以下議案書を見てください」と言って突然提案が止まった。数ページは残っていたのではないかと思う。それまで長々と話されていたのが一転、あっさりと終わり、妙に印象に残っている。

私は大会では傍聴者であったから何の任務もないので、よく議場の外に出ていた。そこで誰彼とはなしにいろいろな人と話をしていたが、急にある人から「日教組は、革命集団なのか。

何かを改革しようとしているのか」と問われた。突然ではあったが、私も興味のある内容であった。当時の日本社会党や日本共産党の綱領には「革命」という言葉があり、日教組はそれらの政党を支持しているのだから「革命」をめざしているのかもしれない。「でもこの活動方針は、改良でもなく、ただ反対しているだけではないかね」「社会党は右とか左とか言っているし、共産党は大きく支持を広げているわけでもないし」「まあまあそんなもんだな」と、お互い政治評論家のようなことを言い合ったりした。

後で知ったことだが、この時、話した人は北海道教職員組合の役員で、兼古哲郎さんと若月雅裕さんであった。私の日教組在籍中は非常にお世話になった。この時北海道からは、後に委員長になる大場昭寿さんが役員選挙に立候補していた。

何日も傍聴していて、日教組の大会はそれなりに整然としているようだったが、積み重ねてきた経験や、なんともいえない相互の信頼関係で運営されているのだなと思ったことを覚えている。

この定期大会では、教員を辞めて記者になっていた以前の同僚にも会えた。その人は、私が川教組の役員をしていた時に教育研究集会などでよく会っていたのだが、日本社会党にも日本共産党にも批判的で執行部とも一定の距離をとっていたせいか、組合役員にはなっていなかった。「組合員の時は日教組大会に出られなかったのに、記者になったら出られるなんて」と二人で大笑いしたものであった。彼は田村といった。

今振り返れば、「革命」云々については、組合のありようの曖昧さや、当時は二つの革新政党があったことも影響していたのだろう。川教組出身で記者になった同僚の件は、組織の持つ保身性が結果的に排除の論理として働き、広く言えば民主主義の形骸化にもなり得ると心すべき出来事である。

さて、ようやく役員選挙である。日教組の役員選挙では三役（委員長、副委員長、書記長、書記次長）は事前に委員会で調整されている。執行委員についても事前にその数が決められ、その人数だけ立候補している。当時は反主流と呼ばれていた日本共産党系の組織にも役員の数は事前に割り当てられているから、基本的に落選などはあり得ない。

ただし、専門部（養護教員部や事務職員部など）の部長を決める選挙では、部によっては対立があった。その場合は単純に多くの票を集めた方に決まるわけで、つまりは構成員の数によって決まるから、ほぼ予想ができる。当時はそんなふうに日本共産党系と一緒にやっていたのでさまざま調整が必要だった。組織の均衡を保つことは必要だろうが、民主的とはどういうものか、ということをもっと大切にした方がよいのではないかと思う。

定期大会での役員選挙は最終日にあり、立候補者の出身教組の推薦文、最終学歴、現職などを記した選挙公報と投票用紙が配られるのみで、立候補者の顔見せや意見主張をする場はない。立候補者は大会が終わる時に登壇して紹介されて、執行委員として自覚する。その後、皆で日教組組合歌を歌い、委員長の音頭で団結ガンバロー！と気勢を上げて大会は終了する。なお、当時は選挙公報に最終学歴を記していたが、現在はない。改善されたと言えよう。

組合歌は当時いつも歌っていたが、最近は歌わないらしい。当時は日教組の組合員であっても、個々の考え方や組合への関わり方、特に支持する政党など、あきらかに異なる立場で対立することもあったが、日教組組合歌を歌う時だけは、日教組の組合員であると自覚する瞬間であり、まさに団結のシンボルであった。歌詞が時代に合わなくなった部分もあるだろうから、組合歌の意義を大切にして、なんらかの対応を考えてほしい。組合歌を歌わないのは不自然だ。新しい組合歌をつくることも一策である。是非お願いしたい。

（二）初の執行委員会への出席

大会終了後数日して、私にとっては初めての執行委員会が開かれた。執行委員会室は、改築された日本教育会館にある日教組書記局の奥の方にあった。

私たち新しい執行委員は、その時点ではまだ書記局の中に椅子も机もなかったので、執行委員会室で待機していた。その時、隣に座った人が北海道の大場さんで、私も大場さんも日教組では新人であったがいやに落ち着いていて、雑談の中でも先日の大会の批判のようなことを話していた。当時二人とも日本社会党籍を持っていたが、日教組ではそれは稀なことのようであった（後にメディアでは、久しぶりの大型新人と言われた）。私が日本社会党に入党したのは、沖縄返還闘争でお世話になった当時の川教組の石川委員長の縁である。

時間になると執行委員が入ってきた。槙枝委員長が議長を兼ね、挨拶もそこそこに会議が始まった。運動にかかわる議案をはじめ、中小路書記長が全て提案していた。新執行部のそれぞれの任務分担と内容は、事前に三役会で決めてあるようだった。

大場さんは地方闘争部長（地闘部長）で、私は専門部対策部長として専門部担当になるということであった。大場さんの地方闘争部はすでにある部署で任務も想像できたが、私の担当は新しい部署で、任務もよくわからない。案の定、執行委員会の後、当時は婦人部と言っていた女性部の奥山部長から「あなた、専門部対策で何をするの？　婦人部でも見てくれるの？」と聞かれたが、私はよくわからないまま黙っていた。その後、配属は組織部となって机の配置も決まったので、斎藤組織部長に「私は何をやるのですか」と単刀直入に聞いてみたが、「そうだな、初めての部だからな。組織が弱いところもあるからな」と言われるばかりで、いずれにせよ、仕事がはっきりしていないことだけははっきりしている、という状態だった。

私はこの時いよいよ日教組のけもの道に入り込んだ。

(三) 初めての専門部対策部長——その任務とは

今日明日に必ず何かをしなければならない、という状況ではなかった。だが、新しい運動方針が決められたので、組織部にかかわって、具体的な方針を提起し運動化しなければならない。それぞれの担当にかかわるところは、それぞれの担当部長がやるし、組織全体のことについては古参の組織部長が担当する。問題は私が何を提起するか、である。

婦人部には婦人部長がいるし、高校部は部長が反主流派、副部長は主流派と二人でバランスを取っているから私の出番はない。私は単組での高校部の経験はあったが、日教組の課題はまた違うようだった。大学や私学、障害児教育、幼稚園に関しては反主流派の部長が占めていたので、主流派であった私には何の用もありません、という雰囲気であった。事務職員部は神奈川県出身の小沢部長であったが、目下、産休代替に関する国会闘争が多忙で話をする時間もない。最終的には、それぞれの専門部の課題に対し支援をしていきます、というところで方針は落ち着いた。どうにも手の出しようがない、というのが正直なところであった。

ただ、現業職員の組織化がなされていなかったので、当面はその組織化のために対策委員会をつくり、私が事務局長をするようになった。対策委員会の委員長は大会で印象に残っていた広島高教組出身の岡木副委員長であった。

私が日教組初の専門部対策部長を割り振られた理由を知る人はあまりおらず、どうやら三役会で決まったようだが、まず組織部への配置を決めてから、任務の中身や部長職の名称を決めたようだった。おそらく私の過去の職歴を参考にしたのだろう。組織部の先輩は飲み会の席で「あなたは反共だから、反主流派の多い専門部を任されたのだろう」と笑っていた。それが事実であったとしたら、私はけもの道にはめられたようなものだ。案の定、この専門部対策部長という役職は、日教組七〇年の歴史の中では、私だけが担当したらしい。私の後、この部長職は消えた。

(四) 執行部の一員として働く

そのような日教組のけもの道であったが、感心してしまうことも多々あった。私が選任された大会では、海外からの来賓があったと先に記した。最初の執行委員会の翌日、この方たちが日教組書記局に来訪され、その後歓迎のレセプションが開かれることになっていた。執行委員は全員出席することになっており、私もそのつもりであった。

ふと気がついた。当時の日教組書記局のトイレは、すべて和式であったのだ。これでは海外の方を迎えるのに都合が悪いのではないかと、海外経験から気が付いた。総務部長は一緒に飲んだことのある山本さんだったので、そのことを一応伝えてみた。彼は「そうか」と言われて、その時は立ち話で別れた。

ところが翌日、私が出勤すると、山本さんが私のところへ来て、トイレへと案内された。なんと、一晩ですべてが洋式に変わっていたのだ。これにはまったく驚いた。一晩で工事をされたらしい。山本さんも、日教組もすごいなぁと感じた出来事であった。

さて、前途多難な専門部対策部長の任務だったが、当初私は各専門部の役員会や総会などに要請があれば出席していた。しかし、各会ではただ紹介される程度であり、発言することはなかった。私としては各専門部についての勉強のつもりもあった。各専門部は自らの課題解決に努力しており、組織部の手を借りることなど必要ない状況であった。

着任二年目に、事務職員部長が欠員となったため、しばらく代役をした。部長の決裁事項もあったため、部として必要性が出たのだ。しばらくして新しい部長が選出された。

専門部対策部長としての三年間の中で最も努力したのは、先述した現業対策委員会だった。現業職員は小中高に勤務しているが、小学校・中学校は主に自治労が組織しており、高校の現業職員の組織化と待遇改善に努力することになった。二年目には討議資料を作り、組織化の具体的な活動に着手した。「小学校、中学校、高校の学校現場の現業職員は日教組が組織する」と私は提起した。すると、このことについて自治労から抗議があり、日教組で方針撤回の問題となった。私は譲らなかったが、上の方で決着をつけることになった。当時の資料を掲載するので参考にしてほしい。同時にこの年の前後は、主任制度の問題が運動の主な課題であったので、この年度の大会に提起された総括と方針も掲載しておく。

(五) 現業職員部の結成

一九七八年六月六日の日教組第五二回定期大会（札幌）で、日教組の第一〇番目の専門部として、日教組現業職員部の設置が決定された。その設置の意義について、対策委員会事務局長であった渡久山専門部対策部長は『教育評論』一九七九年七月号で次のように述べていた。

「現業職員部設置の意義

（1）産業別統一組織の確立のために

私たち日教組は、結成以来、憲法と教育基本法に基づく民主教育の確立と、子ども達の学習権を保障し、父母・国民の教育要求にこたえ、日本の平和と民主主義を守るたたかいとともに、教育労働者として、賃金、権利拡大、労働条件改善などのたたかいをすすめてきました。

しかし、政府・自民党と独占資本の反動政策と中教審路線による民主教育の破壊、組織分断の攻撃が一段と強まるなかで、今こそ、父母、全労働者とともに、すべての教育労働者が一致団結してたたかいを強化しなければなりません。

私たちの運動をより前進させるために、学校に働くすべての教職員が、その職種のいかんを問わず協力・共同の関係を確立し、強固な団結のもとに、教育労働者として、産業別統一組織をめざし、統一闘争を強化することは重要な課題であります。

ここに日教組が学校「現業職員部」を設置する大きな意義があります。

（2）現業職員の諸要求実現のために

現業職員をめぐる情勢はきびしいものがあります。政府・独占のすすめる人べらし、合理化攻撃、円高、不況宣伝のなかでの賃金抑制とあいまって、地方財政危機による人員削減、欠員不補充、学校無人化、民間委託、退職勧奨強要、定年制、不当配転などの攻撃は、現業職員にかけられた攻撃であるとともに、全教職員にかけられた攻撃です。これらの攻撃をはねかえし、現業職員自らの要求づくりと、主体的なたたかいとがあいまって、職場での全教職員の共同闘争や全組織的なたたかいへと展開し、団結の力で、諸要求実現をめざすためにたたかいをすすめることが必要です。

（3）学校現業職員の身分・権利確立のために

学校現業職員について、学校教育法では、「そのほか、必要な職員」をおくことができるとなっていて、その職名、職務は明確になっていず、身分について不十分です。学校用務員について、学校教育法施行規則で「学校用務員は、学校の環境の整備その他の用務に従事する」と規定していますが、これとて不十分だし、他の職種については規定されていません。

私たちは、学校に働くすべての職員を学校教育法に位置付けし、身分の確立と職務内容を明確にするよう要求してたたかわねばなりません。

定員についても、「定数法」での位置づけはなく、地方交付税積算基礎数（標準規模＝一五学級・六七五名で四）に入っているだけです。

現業職員の労働関係については、地方公営企業労働関係法（地公労法）に基づいており、教員や事務職員とは異なり、団結権はもとより、労働協約締結権がありますが、多くの自治体や現業労組では締結されていません。（日教組関係で八県のみ）

これらの身分確立、職務の明確化、「定数法」「育児休業法」「産休代替法」位置づけ、労働協約締結などのたたかいを前進させるために、中央、地方の現業職員部の果たす役割は大きいものがあります。

（4）組織を拡大し強化するために

他の中央組織に現業職員部がありながら、日教組では、長年高校部の指導のもとにおかれていました。現業職員部が設置され、他の専門部と同様に、現業職員に関わる業務が本格的に行われることは、中央、地方の運動の前進になるばかりでなく、学校現業職員部の団結をより強固なものにし、組織の拡大と強化に大きく寄与することになります。」

（『日教組四十年史』日本教職員組合編、労働教育センター、一九八九年、九八七～九八九頁）

学校「現業職員部」設置について

（一九七八年三月三〇日「日教組新聞号外」・「職場討議資料」より抜粋）

現在、日教組に結集している現業職員は、すべて高校現業職員であることから、日教組では、高校部、組織局、現業対策委員会でそれぞれの任務と役割において、現業職員にかかわる問題を担当しています。主として高校部の役割が大きかったといえます。

「現業職員部」が設置されますと、当面は別としても、将来は他の専門部と同様な位置づけになります。各県闘争の成果や経験交流、情報交換、闘争の指導などを、主体的に取り組み、現業職員自らの諸要求実現のために、より充実した運動を全国的に前進させることができます。

特に現在、各県の組織率のアンバランスの解消や未組織現業労組の加入促進、闘争力の強化など、その任務や役割は重要です。

現業組織の拡大、強化と当面の組織方針

1　産業別統一組織をめざして

①小・中・高（障害児学校を含む）校の全現業職員を組織することを展望する。

②現業職員は、いわゆる国の「行（二）」適用者を中心とする職種である（学校栄養士は含まない）。
③各都道府県に組織されている「現業職員部」を基礎に拡大・強化する。

2　「現業職員部」設置の方針

①一九七八年度に「現業職員部」を発足させる（次期定期大会）。そのための規約・細則を改正することを提起する。
②当面、高校現業職員を中心にしながらも、義務制（障害児学校）現業職員の加入運動をすすめる。
③日教組「現業職員部」への加盟は、各県教組・高教組に「現業職員部」（これに準ずるもの）を設置して加盟する。
④当面、二重加盟（自治労等との）も認める。
（『日教組四十年資料集（一九七〇年〜一九八五年）』日本教職員組合編、労働教育センター、一九八八年、七一一〜七一二頁）

(六) 当時の主任制反対闘争の状況——運動方針抜粋

第五二回定期大会（一九七八年六月　北海道）

（「たたかいの基調」より抜粋）

日教組に結集する私たち教職員集団は「わかる授業」「楽しい学校」の実現をめざして職場の民主化闘争を基礎に自らの教育的力量を高めるための自主的教育研究活動の取り組みを強化しています。このような教育運動の高まりと学校現場における教育実践の努力にもかかわらず、政府・自民党はこれにこたえようとしないばかりか、いぜんとして主任制度化攻撃を中心とする中教審路線の具体化に狂ほんしています。私たちはこのような今日の教育をめぐる情勢の基本的動向を正しくふまえて今後のたたかいを強化し前進させなければなりません。

したがって、主任制反対闘争はひきつづく重要な闘争課題であります。

今日の時点において主任制規則制定阻止四都府県、主任手当条例化阻止一五都道府県となっており、その他の県においては既に主任手当支給にまでいたっていますが、それらの県においても手当を組合に拠出して、主任制にあくまで反対する強力な抵抗闘争をつづけています。

主任制導入の目標は、中教審路線の貫徹をめざして職場の管理体制を強化し、教職員の研修や民主的教育活動を統制することにあるのですから、民主教育の担い手としての教育労働者としてあくまでこれに反対しなければなりません。

主任制阻止・撤回の勝利の展望は、規則制定阻止県があくまで制定阻止を貫くことと相まって全国的には主任体制化を一切許さない闘いを徹底的に組織的に闘い続けることと併せて、広はんな労働者、国民と固く連帯して教育要求の実現と教育改革運動を強力に展開することによってきり開くことができます。

したがって私たちは、今日まで高く掲げて闘い続けてきた主任制阻止・撤回の基本方針をいささかも変えることなく、これを堅持して闘い続けなければなりません。

そしてそれと同時に、権力の側が企図している職場の管理体制強化、主任の中間管理職化、教育活動の権力的統制などの主任の体制化攻撃に対しては、職場の団結を基礎に組織の総力を結集して闘わねばなりません。

これからの主任制反対闘争は、規則制定、条例制定で闘いは終わったのではなく、第四次財源に対する人事院勧告を許さない闘いをも併せてまさにいまから本格的な主任体制化を許さない闘いが始まるのであります。

また、今年度は特に学級規模の縮小・教職員定員増をめざす定数法抜本改正実現と七九国民春闘を重視し、強力なストライキを組織してたたかうこととします。

そのため職場闘争を強化し闘争力の格差を克服して、統一してストライキのできる態勢をつくりあげなければなりません。同時に、昨年度に引き続き教育要求・改革国民大運動を職場・地域の切実で具体的な要求運動、実践活動として取り組み、真に国民的な運動として発展させるよう日常的に努力します。

（『日教組四十年資料集（一九七〇年～一九八五年）』日本教職員組合編、労働教育センター、一九八八年、六五～六六頁）

（七）専門部対策部長としての初仕事——退婦教総会で大批判を受ける

当時、私は全国退職婦人教職員の会（退婦教）の総会で執行部を代表して挨拶したことがあった。その中で、日教組の執行部としては退婦教（女性退職教職員の組織）と日退教（男性退職教職員の組織）の組織の統一を考えています、と言ったら、退婦教の事務局長でもある当時の奥山婦人部長が壇上までやって来て、「日教組はそんなこと考えていません、新米中執のくせに」とマイクで言った。会場からも「何を言っているの」と怒声が響き、私は降壇すると夜のレセプションにも出ずに逃げるように帰った。後日そのことを斎藤組織部長に言うと、「あんたもやられたか」と笑っていた。この件は、執行委員会でも大会でも決定していたことなので、当時の私は組織方針を話しただけであったのだが、日教組のけもの道は険しかった。退職者の男女統一組織はタブーであるか。

また、私は保育一元化委員会の委員もしていた。同じ年齢の子どもが、幼稚園と保育園に分かれているのは不平等で不合理であるから、等しく幼児教育と同質の保育を受けることができるようにと日教組は考えていた。しかし、国の行政は幼稚園は文部省（当時）、保育園は厚生省（当時）と所管が二分していた。今もそうだが、組合も幼稚園教職員は日教組、保育園職員は自治労と分かれていた。その中でも日教組は、「理想のかたち」を提起していた。

それから二〇年後、私が中教審の委員となっていた時に、幼保一元化の問題が審議された。私は当時の日教組の考え方や、〇歳から三歳までは保育園、四歳五歳は幼稚園で延長保育もある、という内容を提起していたが、結局のところここでも行政の二元化は変えられず、「認定こども園」という形になった。幼保一元化がまた遠のき、極めて残念であった。

（八）日教組の労働学校――労働組合のあり方を勉強する

当時日教組では、年に一度、一週間程度合宿をしながらの学習会―労働学校を開催していた。これは組織部が担当し、日教組の各部長と外部講師による講演や問題提起と質疑応答を主としていた。各部長からはそれぞれの分野の運動が説明され、外部講師からは、社会主義や資本主義などの基本から、政治経済全般、日本における労働運動やその歴史、課題についての講演があった。初めての私にはとても勉強になった。

沖縄返還運動や、川教組や神教組での当面の課題については、多忙のなかでもなんとかこなしていたし、役員選挙では反主流派とのやりとりが厳しく、社会党一党支持が争点になっていたので、社会主義協会の発行する『労働組合はなぜ社会主義政党を支持するか』などを読まされてはいた。しかし、社会主義や資本主義の根本については、高校生の頃に社会科で習ったか習わなかったか程度の知識しかなかったし、労働運動の歴史についてはほぼ知らなかった。理科系にすすんだせいもあるかもしれないが、マルクスやレーニンについてもほぼ知らずに過ごしてきた。ここにきて私は、日教組は改良主義か革命集団かなどと話し合ったことなどはあまりにも机上の空論であったこと、かつて川教組の小松委員長が言われた「本格的な労働運動」が何のことを言っていたのかなど、かつての自分の無知を思い知らされた。各部長の提起も真剣であったし、改めて任務の重さを自覚した。

夜の懇親会では、各県の代表や芸達者たちが余興に興じた。私も司会者から指名された。新米が何かやることになっているようである。私はとっさに、学校現場で歌っていた「浜辺の歌」を大きな声で歌い出したが、その瞬間にさらに大きな声で「お前は文部省の回し者か」と言われて、わけもわからず歌をやめた。後で気づいたが、「浜辺の歌」や「故郷」などは、戦前も文部省唱歌であったのだろう。当時の感覚として、日教組はそれほどまでに反文部省であった。

なお、連合が結成されてから聞いたことだが、旧同盟系の組合にも労働学校があったようだ。組合役員になる人には必要なことだと思う。なぜなら、このような勉強はほとんどしてこないだろうからである。

（九）初めての企画部に配属

組織部の専門部対策部長は三年で終了し、新しくできた企画部に任務替えになった（この時、専門部対策部長という職名もなくなった）。企画部というのは、当時の全逓—全逓信労働組合にならったものであった。

企画部の仕事は、書記長陣を支え、運動方針を策定し、実際の運動の企画等をすることであった。三役会に書記長から提案する原稿を作り、各局が作成した運動方針を企画部で精査して成案化する。この作業は企画第一部長と私と担当書記の仕事だ。第一部長は佐賀県教組の出身で、かつてのスト闘争の指導者であり、いつでも書記長になれる人ではあったが、派閥の問題でそれは容易ではなかった。主流派左派・右派のバランスを取ったのであろう、右派の私が第二部長に配置されたのだ。

運動方針を成文化するには、各局から出された記述のおおよそ三分の一程度を削らねばならなかった。第一部長が組織と法政部、私は教文と専門部を担当した。削除したり加筆修正したりして全体的には非常にスリムになったが、執行委員会に提案したら、まずは法政部からクレームが入った。曰く、削りすぎである、と。私が担当した専門部関係では、退婦教（当時。現・退女教）と日退教の将来の統一を提起したが、婦人部（当時。現・女性部）から猛反対があった。しかしながらいずれも企画部の提案が通った。

このやり方は評判が悪かったので、二年目は配慮しながら整理した。そのこともあって、執行委員会ではそれほど揉めないで通ったが、運動方針は新書版でページ数が膨大になるものだった。

結局、企画部は評判が良くないまま二年で廃部になった。私の役職名であった企画第二部長も日教組からなくなった。そもそも企画部ができたのは、いわゆる左派の提起であり、当時の中小路書記長と斎藤企画第一部長の左派路線が強いから廃部になったという噂もあったとか。もしかしたら、このことはその先の左派右派路線対立の萌芽のような出来事だったかもしれない。

この頃、日教組は主任制闘争の真っ最中にあった。主任制闘争は一九七四年から続き、政府・自民党の圧力が強化される中、沖縄県を最後に、八〇年秋までに全国的に制度化が強行された。私はその間、二度ほど沖縄の闘争支援に行った。一回目は待鳥恵（福岡高出身）副委員長と一緒だった。二回目に行ったのは七九年、書記長の突然の命令で、闘争が緊迫を極める沖縄県教組（以下、沖教組）へ責任者として行った。誰か連れていってよいと言われ、ちょうど住谷青年部長が出張から帰ってきていたので、一緒に行こうと誘った。住谷青年部長から「どこへ行くんですか」と聞かれたが、「まあまあ」と言って羽田空港まで行ったところで、沖縄と伝えた。住谷青年部長は観念したのか、「そうですか」と言っていた。

その時の沖教組は、二時間のストライキの特別指令を受け、それを背景に主任制度化阻止の交渉をしていた、まさに山場であった。沖教組の比屋根清一委員長はじめみなさん真剣であり、私たち二人は那覇空港から沖教組の本部までタクシーを飛ばした。到着したところちょうど闘争委員会中で、挨拶もほどほどに闘争経過を聞いていた。交渉団はすぐに教育委員会交渉に出かけ、遅くなってから戻ってきた報告では、「本日は制度化はしない」「交渉は本日はない」とのことであった。そこで私たちは宿泊先に向かい、翌日また沖教組に激励に行ってから日教組への帰路についた。

だが実は、教育委員会は場所を変えて、その日に抜き打ち的に制度化を強行していた。沖教組本部も組合員も激怒した。私たちは東京に帰ってしまった後だったため、セクトの新聞では「日教組逃走本部」などと揶揄されたものである。後で知ったことだが、その記事を書いたか、書かせたかしたのは、私の琉球大学在学中に交流があった、勝連町の友人のKさんであった。彼の笑顔が今でも思い出される。

七九年当時、ストライキに対する弾圧や処分は重く、二時間のストライキでも厳しい処分の乱発が予想されたので、関係者に理解を求めることなども行っていた。これも後で知ったのだが、沖縄県の教育委員会の委員の中に、私の高校時代の恩師がいたようである。私が沖縄の支援に指名されたのはそのせいもあったのかもしれない。前田功氏が当時のことを本にしている(参考図書詳細は章末参照)。

最終的に制度化は強行されてしまったが、沖縄での公立学校における主任の制度化は、全国で最も遅かった。当時の文部省が、学校教育法実施規則を改正し、各都道府県へ主任制の実施を指示したことで、一九七六年に鹿児島をはじめとする多くの県で規則が改正され、七七年の段階では、東京、神奈川、京都、大阪、沖縄の五都府県が未実施となっていた。八〇年までには、残るは沖縄のみという状況になった。

八〇年八月、沖縄県教育委員会はついに、沖教組、高教組の強い抗議の中で、抜き打ち的に規則を改正し、一〇月の実施を決定した。しかしながら、最後に読谷村で実施されたのが八六年七月であったから、文部省指示から一〇年かかったことになる。

沖縄は、一九七二年に日本へ復帰したが、それまでは米国の施政権下にあった。教育課程や教育内容については、復帰以前から「日本国民として教育すること」と琉球教育法に明記されていることもあって、沖縄の学校では日本の教科書を使用していた。公選制であった教育委員は、復帰前に選出されていたため、復帰後の任期まで勤めてから本土の法律によることになっていた。

七八年には本土と同様に「道路交通法」が施行され、七月三十日（七三〇＝ななさんまる）午前六時に一斉に、「車は右側通行から左側通行へと変更」された。学校現場では、子どもたちへの交通安全指導で多忙を極めていた最中でもあった。

文科省は七六年に主任制度化を決めて指導していたし、沖縄県教育委員会も七八年に「法律順守の行政指導」を受けている。先に書いた通り八〇年に規則は改正されたが、沖縄では県教委と沖教組、沖縄高教組との間で「主任制凍結、主任制で学校現場に混乱を持ち込まない」との文書による確認書を締結していた。日教組も現地闘争本部を設置してこれを支援していたが、県教組と高教組の団結と数回のストライキを背景にした交渉力、および両教組が支持してきた革新県政の知事であったこと、多くの県民の支持があったことが、読谷村での主任制実施まで一〇年かかった理由であろう。同時に、県教委も両教組も沖縄の教育や子どもたちのことを大切に考えてきたことの結果であったとも思う。沖縄における主任制闘争は、教育が時の中央の為政者や権力によるものではないことを教えてくれる。

（なお、沖縄の闘いについては『日教組四十年史』『沖教組十年史』、『いつかは誰かが　行政側から見た沖縄の主任制闘争』前田功著、二〇〇五年、私家版を参考にした）。

第三章　思い出の日教組定期大会　その一

㈠ 第56回定期大会　神奈川・横浜——総学習・総要求・総行動のスローガン

第56回定期大会（一九八一年）は神奈川県横浜市で開催された。それまでの「具体的なたたかいのすすめ方」では、第一項は、賃金闘争、差別賃金反対闘争であった。しかし、この時の運動方針では、第一項が教育荒廃の克服、民主教育の確立になった。「総学習、総抵抗」の運動から、「総学習・総要求・総行動」運動へと変わった。日本社会党右派グループの考え方が前面に出てきたのだ。大会では、この変更は討論の後に了承された。

これが、路線闘争ともいえる四〇〇日抗争の具体的な始まりであったかもしれない。それまでの闘争は「総抵抗路線」と言われていたのだから、運動方針の大きな変革であった。

この大会の方針では、「教育実態総合調査」の運動も提起された。この運動は、田中一郎副委員長が北海道岩見沢市の組合運動を日教組の運動と共有しようとしたものであった。これについて北海道教組から「岩見沢支部の運動ではあるが、北海道教組全体の運動ではない。日教組全体の運動にするのは反対である」旨の意見がつき、日本社会党左派グループはおおむねこれに同調していた。しかし、日教組の執行委員会では「調査運動」を「調査の運動」と、「の」

を入れるだけの修正で素稿ができ上がった。日教組もかつては「教育白書」や「教育黒書」の運動をしていた。それは「調査なくして運動なし」を労働運動の原則としていたからであり、この提起の素稿にかかわった企画部の斎藤雅彦さんはいつもこの原則の話をしていたから、信念のような気持ちがあったのだろうと思う。大会では左派はしぶしぶではあったものの、「教育実態総合調査」は結果的に承認された。

この運動は、教育のおかれている現状や実態を総合的に調査して、その中から課題をあきらかにして要求にまとめ、その解決のための運動を起こし、みんなで行動しようということである。これまでは、抵抗であったり、反対であったり、あるいはストライキであったりしたから、運動論として新しい提起ではあった。

なお、この大会では神奈川県知事の長洲一二氏が挨拶された。日教組大会で地元知事が挨拶することはあまりなかった。

露木喜一郎神奈川県教組委員長の挨拶（抜粋）

神奈川の地で、日教組大会が開催されますのは初めてであります。それだけに私たちは、全力を挙げて大会の成功を念じながら準備に当たってまいりました。

特に外部勢力による繰り返し繰り返しの妨害行動は言うまでもありませんが、音楽堂でやるということから、内部的にもいろいろな問題が発生をいたしました。しかし、長洲神奈川県知事の、どんな妨害や困難があろうとも集会の自由は絶対に確保する、という固い決意のもとに関係者の結束した努力によりまして、この会場を、あらゆる条件を克服して確保することができたのであります。私は、公的な施設によって日教組大会を開催することの意義は、まことに大きいものがあるというふうに考えます。

神奈川は、わが国の歴史において、その重要な変革期に大変大きな役割りを果たしてまいりました。武家政治は鎌倉幕府から始まりましたし、さらにまた徳川幕府末期、開国から文明開化へと、この横浜はその玄関となったわけであります。そしてまた、さらに敗戦によりまして連合軍に占領されるということになりましたが、司令官マッカーサーは厚木飛行場に乗り込んでまいりまして、それ以来占領政策を開始したわけであります。鎌倉も横浜も厚木も、ともにこの神奈川にあります。こうした歴史的に意義深い神奈川の地で日教組大会が開催されますことは、日教組にとっても、私は深いかかわり合いを持っているというふうに考えます。

遠藤重夫議長（横浜市教組委員長）

地元関係来賓の挨拶を受けます。神奈川県知事長洲一二殿。

長州一二神奈川県知事の挨拶（抜粋）

全国の先生方、遠路はるばるようこそ神奈川にいらっしゃいました。七〇〇万神奈川県民を代表して、心から皆さんを歓迎いたします。

このところ悲しいことに、毎日の新聞に胸の痛む教育問題の記事の出ない日はありません。今日くらい教育が普及し、国民が子どもの教育にエネルギーを傾注している時期はないと思います。教育熱は、文字通り史上空前であります。それなのに他方、今日くらいまた教育に不安と不信が高まっている時期もないのではないでしょうか。空前の教育不信とが同居しております。

問題の根は深く広いように思われます。そして即効薬は容易には見つかりそうに思えません。しかし、このまま放ってはおけません。

第一に、一度みんなで教育の本質、子どもの成長の原点に立ち返って考えてみようということです。親は一度静かに、本当はどんな子どもに育ってほしいのか考え話し合ってみてくださいということです。第二は、今日の教育問題を現代文明の広い文脈の中で、考えてみてくださいということです。教育が社会の病理現象になっておりますのは、実は子どもたちが恵まれた条件のもとにいるように見えるいわゆる先進工業国—豊かな社会だけなのであります。

真剣な取り組みが、神奈川県内のあちこちで、また日本じゅうのいろいろのところで始まっていることも私は聞いております。私はそのことに希望をもち、信頼を置く者であります。みんなが小さい知恵を持ち寄れば、一校の努力を多数の学校が学び合うならば、それは教育改革の大きな流れになっていくに違いありません。私はそんな意味で、まず神奈川で騒然たる議論を県民の間でやっていただこうと思います。

そしてその議論に当たっては、こんなルールをお守りいただきたいと、お願いしました。

第一に、責任のなすり合いはやめましょう。だれかを悪玉に仕立てて、それさえやっつければということでは、実は何も解決しないのではないでしょうか。

第二に、本音を出して話し合ってみてください。どんな子どもに育ってほしいのか。本当に学校の成績だけよければいいのか。偏差値で子どもを選別していいのか。本音の奥底までさらけ出して話し合ってみましょう。

遠藤重夫議長（横浜市教組委員長）

下山事件を扱いました映画「謀殺」の主演俳優仲代達矢さんをご紹介いたして、ご挨拶いただきます。

仲代達矢の挨拶（抜粋）

たくさんの問題を抱えた日本の教育界の現状の中で、教師の皆さん方が一生懸命努力なさっていることと思いますが、さらになお最近の教科書問題、右傾化、軍国化になっていることは、一人の親として大変心配しております。私は戦争中に育った人間で、二度とあのような戦争を起こさないように祈っているものでありますが、教育の方向が右傾化、軍国化することを非常に恐れておる者であります。

教育というと非常に堅苦しいイメージを持っていたんですが、これは非常にとんでもないことでした。これは私たちがやっている仕事の、私たちがやっている仕事が芸術という言葉で言いあらわせるならば、非常に似通っている創造的な作業だということに気がついたのでありま す。心血を注いで血を通わせると、そこに何か創造されていく。芸術も教育も、ともに非常に厄介なものであります。営々とした努力が必要であります。理想を高く、理想を高く持っていけば際限のない仕事ですが、ともに人間の根源的な喜びを持つ仕事だと気づいたんです。

そういうわけで教育というものに関心を持って、きょうこちらに招待されてご挨拶に上がったわけですが、もう一つ皆様にアピールしたいことがございます。私、いまちょうど下山事件、「謀殺・下山事件」という撮影を撮り終えたばかりです。

昭和史の重大な分かれ目の事件でありました。もう昭和二四年ですから三〇年前です。この事件の真相が、時効になる前に、皆さんに忘れられない前に、はっきりと映画にして問いかけたい、そういった熱い制作意図によってつくられた映画で、莫大な資料をもとに三〇年も逆上り約四ヵ月の仕事を終えたところです。

この感動を一人でも多くの皆様に見ていただきたい、日本の民主政治と人権を守るためにぜひ見ていただきたいとアピールに上がったわけです。

こういう熱い思いは創造的な仕事ゆえに与えられたものでありましてこれは教育者が育てた子どもたちを見て感じる熱い思いに共通していると思います。どうか皆様、教育というこのすばらしき営みのためにますます熱く燃えてがんばってください。

㈡第57回定期大会　長崎・島原――平和の原点を求めて

第57回定期大会（一九八二年）は、当初、長崎市内で開催されることになっていた。日教組田中副委員長と長崎県教組・古藤委員長はじめ、一部の役員で会場などの交渉をしていた。この年の三月か四月にはスタートしていたと思う。裏では、長崎市の出身である西岡武夫国会議員が、会場借用について関係していたとの噂もあった。そのことで、組織内には不満も出ていた。結果的には右翼の激しい妨害にあって、長崎市内ではできないことになった。

当初の計画では、大会を含め、各種会議は長崎市内で開催し、宿泊は島原温泉でと計画されていた。しかしながら、そのようなことになり、開催があやぶまれたが、日教組は「長崎で大会を開催する」と三役会で方向性が確認された。日教組はその年の一月に教育研究集会を広島で開催し、定期大会は長崎で開催することで「平和の原点を考える年」にしたい意向であった。

日教組は、定期大会や教育研究集会など大きなイベントは旅行会社（ＪＴＢ）に依頼し、旅行会社が各地の支店へ依頼してとりくんでもらっていた。島原温泉の旅館の反対もあったが、日教組の強い意志と旅行会社の全面的な協力のもと、旅館からも理解が得られた。警備の関係では、長崎市内から島原へは一本の道路しかなく、そこを止めれば右翼の街宣車は入れないとのことで、島原市内の温泉旅館五つに分散しての大会となった。日教組の大会では初めての分散大会である。五つの旅館は、岩永旅館、小涌園、富重旅館、米屋旅館、島原グランドホテル（すべて当時）であった。

日教組は旅行会社とともにすでに島原温泉の多くの旅館をおさえていたが、右翼の件があってからは定期大会の期間四～五日くらいだけでなく、それ以外の日程でも予約キャンセルが相次いだようであった。そこで日教組と旅行会社の話し合いで、その五つ以外の旅館いくつかに日教組の役員が事前に泊まることになり、私は来賓宿舎として予定されていた「南風楼」に割り当てられた。山本書記次長と鈴木昭一総務部長の三人で泊まり、昼間は新聞を読んだり市街を散策したり。滞在していた二か月の間、総務部長は時々東京に戻り、大会に関する町中の様子や旅館の状況は山本書記次長が本部に報告していたので、私は気楽なものだった。

南風楼の夕食が豪華な時は鯛兜煮が出て、私は石垣の海の近くで育ったのに、こんなにおいしいものは食べたことがないと一人悦に入った。街中を散策すると、街路には水路があり、きれいな鯉や金魚がその水の中を泳いでいる。何とも言えない、癒やされるような街路であった。一度水源を見たいと思って南風楼の人に聞いてみると「湧き水」とのことであったので、ますます興味がわいた。

この時に島原城も見学に行った。場内の歴史資料には「島原の乱」についてのものや、天草四郎と農民一揆、キリスト教への厳しい弾圧に関連したものなどがあった。悲しい歴史を知る時、改めて権力や国家について考えさせられる。

定期大会のメインの会場はステージがあり、九〇人ほどが入れる島原グランドホテルになった。ステージに演壇と数脚のテーブルが置かれ、日教組の三役と議長団、議事運営委員会の委員長と主な来賓が着席して、日教組の中央執行委員はステージ前に並んでの開催となった。大会の様子は、他の四会場にむけて中継で放映された。いつもと同じように、国民歌「緑の山河」が歌われて、大会が始まった。狭い会場であったが、みんな起立して歌い出した。

長崎大会、いや、島原大会が始まったのである。ここまでくるのに数か月かかった大会であった。私の隣では、生活部長の佐々野昭典さんが泣きながら「緑の山河」を歌っていた。佐々野さんは長崎・五島の出身で、困難な中で開かれたこの大会に心から感激したのだろう。私もつられて涙が出てきた。二か月も島原にいたこともあり、感激が幾重にも重なった。理不尽な右翼の妨害から、警察に守られての大会である。

槙枝委員長による、「一九八二年は反核、軍縮の年で、教研を一月に被爆の地、広島で開催し、大会を同じく被爆の地、ここ長崎で開催したいと日教組は計画したが、会場の設営が最後の最後まで難航した。それは言うまでもなく、最近とみにエスカレートしている、右翼暴力集団の脅迫や妨害によるものである」との挨拶に続いて、長崎県教組・古藤委員長は、「長崎の地に、管理あって教育なし、教育条理のない教育行政が行われている」と指摘。「一六三七年、時の権力に抵抗して、生活と信仰の自由を守るために、農民が立ち上がり、多くの血を流したここ島原の地での大会である」と挨拶した。

来賓挨拶では、飛鳥田一雄日本社会党委員長が「この異常な状況の中で、あくまで、大会を遂行し、日本全体に、平和と民主主義の意義を示していただいた今次大会に、心から敬意を表する。私は、戦前、昭和の初めにおいて聞いたファシズムの足音を再び聞く思いがする。国会でも、日教組に対する右翼の妨害、会場問題について徹底的に追及していくと決めた」と述べた。公務員共闘、自治労を代表して、沖縄出身の仲吉良新副委員長は「教科書の沖縄戦の記述の変更について、沖縄における日本軍の住民虐殺の記述の削除に、座間味や渡嘉敷に行って生き残っている家族に聞いてもらいたいと私は心から思う」と挨拶された。

この時挨拶いただいた飛鳥田一雄さんが横浜市長をしていた頃、私は「神奈川、屋良さんを励ます会」の事務局長をしていた。沖縄の知事選挙に立候補した屋良朝苗候補の応援である。革新市政の横浜の飛鳥田さんと、後に、川崎市長になった伊藤三郎さんを訪ねて、応援とカンパをお願いした（当時、伊藤さんは川崎市労連の委員長で、市長候補だった）。

飛鳥田市長は足が不自由であられたのだが、横浜のあるビルの二階の喫茶店で行っていた私たちの打ち合わせに、階段を上って来られて参加された。その時は感謝と感激で恐縮した。大衆政治家の一面を見た気がした。支援運動の終わりの頃、桜木町の横浜市長公邸だったか迎賓館だったかに、私たち数名が招かれて激励を受けた。「みなさん、ご苦労さん」と言われ、私たちは数か月もの運動の疲れも吹っ飛び、また頑張ろうと決意した。

沖縄で屋良さんが当選された後、横浜と川崎で当選の祝賀会がもたれ、飛鳥田さんと伊藤さんが主催者挨拶をされた。私は飛鳥田さんから「星の数は多く、人の数も多いが、あなたの人生は、唯、ひとつ」と署名入りの色紙をいただいたことを覚えている。当時、伊藤さんは川崎市労連の委員長で、市労連会館を訪ねたこともあったが、まさか私が市労連の副委員長になろうとは、まったく思わなかった。カンパも頂いた。

また、自治労の仲吉さんは沖縄の先輩であり、沖縄県労評の議長から、自治労本部の副委員長になられていた。東京でよく一緒に飲んだり、日本教育会館で琉球舞踊の公演会などをされた時は私もお手伝いをしたりしたが、体を壊して亡くなられた。沖縄の八汐荘で偲ぶ会がもたれたことを覚えている。惜しい方を早くに亡くしてしまい、残念である。

(三) 第58回定期大会　岡山・湯原――右翼・反動の妨害に抗した大会

岡山は当時の槙枝元文委員長の出身地である。日教組は、槙枝委員長が退任する際の定期大会を、岡山で開催することを早くから計画していた。内々に、市内の公共施設も借りられる状況であった。

しかし、早くからの計画であったため、いち早く右翼も知ることになり、岡山市内ですさまじいほどの妨害行為が始まった。この時に特異だったのは、岡山県議会が、日教組の大会に県の施設を貸さないよう求める右翼団体からの請願を採択してしまったことである。そのようなことはそれまでなかった。

結果的に、県の公共施設は日教組には貸し出さない、となった。公式に貸し出しを拒否されたのはこれが初めてである。打診の段階での内々の拒否は過去にもあったが、公式にそうなったことはない。岡山県という自治体や県議会が、公的な立場として、憲法で保障された集会の自由を公式に否定したのである。

そのような中で、かねてから宿泊のために予約していた岡山県内の湯原温泉の一部有志から、湯原でやり抜く、という力強い意思表示があった。当時の湯原は温泉街として有名であったが、大会が開けるような施設はなかった。会場をどうするかが大きな問題であった。

湯原温泉は火山の噴火によってできた大きな火口があり、さまざまな景観が楽しめる。自噴温泉がいたるところに湧き出て、湯原ダムの下流には「砂湯」と呼ばれる露天風呂が広がり、露天風呂番付で「西の横綱」と評されている。旭川の河川敷に流れ込んだ溶岩は、広い岩盤の広場をなしている。

そのうちに、この広場にテントを張って定期大会会場を作ろう、という話が持ち上がった。山本書記次長に「ついてこい」と言われて向かったのが、その溶岩の広場だった。新幹線で岡山に着き、タクシーで湯原に向かう。岡山市内は右翼の街宣車だらけで騒然としている。右翼はここぞとばかりに日の丸や軍艦旗を振って騒いでいた。湯原も右翼の街宣車がうるさく騒ぎ、旅館の玄関先まで入ったようだった。

午後早くに現地に到着すると、すでに会場設営のための業者の担当者と数人の職人が来ていた。山本さんは業者の専務と話し、職人たちは溶岩の河川敷を見回っていた。その夜は山本さんと私で湯原温泉に泊まった。河川敷から歩いて行ける旅館で、私は晩酌をしながら夕食をとっていたが、山本さんは業者との打ち合わせのため、ひっきりなしに部屋を出入りしていた。

翌朝早く山本さんに起こされた。山本さんはすでに着替えていて、外に出て河川敷の方へ向かう。早朝にもかかわらず、数十台のトラックが河川敷目指して、数珠つなぎでやってきた。必要な建築資材を積んだトラックが、夜中に東京を出発して来たのであった。直ちに工事は始まった。右翼はこの一連のことは知らなかったと思う。

河川敷で山本さんが広場を指さして「大会はできた」とだけ言った。

この時、山本さんと私はシンガポール出張を控えていた。その直前に湯原に立ち寄ったのだ。湯原から成田空港へ向かい、通訳の方と合流してシンガポールへ飛んだ。出張先で、山本さんは大会のことは一切言わなかった。シンガポールの組合を訪問し、懇親会も済ませた。しかし翌朝の朝食時、山本さんは通訳の方と急遽日本へ戻ることになった。大会設営の関係である。山本さんがそのあたりを一手に引き受けていたのだ。

私は引き続き訪問先であるタイ、香港を周って日本へ帰り、成田からそのまま岡山へ向かった。湯原温泉に着くと、あの溶岩の広場に白いテントが張り詰められて、立派な会場ができている。感心しながら中に入ろうとすると、厳重な警備に止められる。日教組本部の者だ、と言っても誰一人私を知らず、入れてもらえない。その時は海外から帰国したばかりで、日教組本部役員であることを証明する「通行証」も持っていなかった。警察も立ち会って厳重に警戒されており、奥にいるであろう日教組の警備を呼んでくれと頼んだら、「トクさん、遅かったでないか」と言って、書記の警備担当者が来てくれて本部宿舎に案内してくれた。本部宿舎には誰もおらず、すでに事前会議は始まっていた。手に持ったスーツケースが、いやに重かったことを覚えている。

こうして第58回定期大会は、岡山県湯原の溶岩の河川敷で、白いテントに杉の板を敷き詰めた会場で開会した。少し高い壇上には、演壇と長机が二台。三役と議長団、議事運営委員に来賓が所狭しと座席を占め、中央執行委員も壇上に向かい合って座っていた。最初の議長は沖縄県教組の比屋根清一委員長だった。「民主主義を否定する有形無形の反動的手段が、日教組におそいかかっている。大会の会場使用問題において、地方行政、地方議会は民主主義の窓口でなければならないところ、その本質を踏みにじるような決定をし、絶対に容認せず、断固抗議する。このような大会会場の仮施設は異例のことであり、この異例が通常になればまさに民主主義は死に絶える。二度とこのようなことがないよう、全国民とともに民主主義を守るたたかいが必要である」と挨拶された。

退任となる槙枝委員長は、最後に次のような挨拶をした。

槙枝委員長の挨拶

「右翼暴力集団による日教組への攻撃、市民の生活環境破壊など暴力行動は、執拗に続けられている。このような憲法秩序を根底から破壊しようとする行動に対しては、世論はこれを厳しく批判し、私たちはその都度、政府、関係諸機関に対し、その根絶を図るよう厳重に要請してきた。しかし、今回の岡山における経過はまた重大であり、戦前の体制の再来をも思わせるものと言わなければならない。岡山県議会ならびに同市議会が、憲法に明記されている言論、集会、結社の自由の保障という民主主義の基本原則と地方自治法上の自らの重大な使命を放棄し、右翼団体の日教組大会返上の陳情を採択したという事実。さらに、県当局が県営施設の使用を断るという異例の事態である。私自身、岡山県出身者として恥じ入ると同時に、政府と全国すべての自治体当局に、二度と再びかかる反憲法的暴力に屈することがないよう強く求める。そのような中で、あらゆる妨害、いやがらせ、脅迫などに屈することなく我々を受け入れてくださった旅館の方々の協力によって、この風光明媚な蒜山高原のふもとである湯原で、方針通り大会を開催することができたことを喜び合いたい。と同時に、町当局、地域住民の方々の心労と合わせ、地元関係者のご協力、またわずか四日間の突貫工事でこの立派な会場を設営してくださった建設業者、工事関係者のみなさまに感謝する」。

この後、岡山県教組委員長や来賓挨拶が続き、異例の特別決議を挙げた。決議の内容及び、挨拶で印象深かったものを抜粋して紹介したい。

福田忠義岡山県教組委員長の挨拶

本大会がこの湯原町となった理由は、湯原旅館組合の数名の役員が、岡山県内で日教組大会が開けないのは岡山県の恥になるとの義憤から積極的な働きかけを行い、その結果、湯原町で開催できることになりました。一九七六年、人勧完全実施10・26闘争で、岡山県教組が初めて全国統一行動に参加した、その発祥地である岡山県教組真庭支部の地であります。湯原町は人口四六〇〇人の静かな農村地帯で温泉街であります。当初受け入れを受諾していた旅館も右翼の各戸攻撃によって受け入れ拒否が相次ぎ、湯原町議会もついに反対決議を掲げ、日教組の受け入れを拒否するよう署名が回ったりという、異常な状況が繰り広げられました。しかし、その中で孤立を覚悟しながら頑張りぬいてくれた数軒の旅館と、多くの良識ある町民に支えられて、本大会の開催にこぎつけることができたのであります。

岡山大会が、日教組大会史上かつて例を見ない異常づくめの大会になりましたことを、地元県教組の責任者として、中央本部をはじめ全国の仲間のみなさんに深くお詫びを申し上げる次第であります。そしてまた、岡山県教組にとりましては大先輩である、槙枝委員長の引退の大会がこのような事態の中で行われることを、まことに相済まなく思うのであります。

松本岡山県総評議長の挨拶

岡山で憲法と民主主義を守る日教組大会が、集会と言論の自由を守るためにみごと開催されたことを大変うれしく思い、誇りに思います。しかし、岡山弁で「ざまがわるい、ふうのわるい」ことがありましたが、湯原の旅館のみなさまが「よし、県知事がやらんことを我々がやろう」と立ち上がってくれました。総崩れになりかけた中、決然と立った四軒の旅館がありました。それを支えた真庭支部のみなさんがありました。つるやホテル、油屋、さつき荘、湯原阪神です。毅然とした勇気ある決意であり、感謝したいと思います。

黒川武総評議長の挨拶

手作りの会場、手作りの開会。私は今までこのような、この会場ほど、立派な会場は見たことはありません。

飛鳥田一雄社会党委員長の挨拶

この会場問題は、わが国の教育の危機、民主主義の危機、憲法の危機を端的に記している。本大会で退任される槙枝委員長は、日教組委員長として、総評議長として、戦後労働史に永遠に刻み付けられていくにふさわしい業績である。党に対しても、一貫して理解と愛情を持っていただいた。六年前、私が横浜市から社会党委員長へ就任した時、槙枝委員長が要請に来られた。私は槙枝委員長には血肉を分けた兄弟のような親しみを持っている。

特別決議

右翼暴力集団の暴挙に抗議し平和と民主主義を守る決議

中曽根自民党政権と財界は、日米安保条約・日米軍事同盟の強化を背景に、日本の「軍事大国」化へむけてまっしぐらに突き進んでいる。「臨調・行革」の強行、「教育大臨調」の提唱、そして際限なき軍事力の拡大、「核安保化」はそのことを如実に物語っている。

このような中曽根自民党政権の姿勢は、とりもなおさず日本の右翼的・暴力的勢力をいっそう勢いづかせ、その憂うべき事態はいまや全国的に蔓延しようとしている。

こうした情勢下で、わたくしたちは、平和と民主主義を守り、教育荒廃克服に努力するとともに、反動教育行政に対決して、日本の民主教育と、すべての勤労国民の生活と権利を守るべく、日教組第五八回定期大会を岡山県において開催することとした。

それに対して、岡山県議会ならびに岡山市議会は、右翼暴力集団が提出した「日教組大会の岡山開催に反対し公共施設の貸与に反対すべきである」という趣旨の陳情を自民党単独で強行議決をした。このことは、公党である自民党が、右翼団体の暴力的圧力に故意に屈した姿勢をとりながら、日本国憲法の民主主義的理念である集会・結社・言論の自由を公然と否定したものであり、断じて許すことはできない。そればかりか、県当局などがこうした状況を口実に、公共施設の貸与を拒否したことは、右翼の跳梁にいっそうの拍車をかけたばかりでなく、憲法と地方自治を守る責務を自ら放棄したものとして徹底的に糾弾されなければならない。

こうした最悪の事態のなかで、岡山県下湯原町の住民は、日教組大会の成功をねがって会場の設営を積極的に推進しようとした。しかし、県議会・県当局などが屈したことに勢いを得た右翼暴力集団は、異常なまでの暴力行為を連日くりひろげ、町当局や住民に大きな動揺と恐怖を与え、大会開催は重大な局面に遭遇した。

こうしたなかで、日教組大会会場問題が単に日教組の問題のみでなく、日本の平和と民主主義の根幹にかかわる問題であることを自覚した湯原町民ならびに旅館関係者の努力と、多数の国民の支持でここに大会は成功裡に開催されることとなった。

私たちは、自民党・財界・右翼暴力集団の平和と民主主義否定の暴挙を断じて許すことなく、今こそ敢然と立ち上がるべきときであるという共通の認識を重視することがもっとも重要である。

そして毅然として暴力にたちむかうことが、真の意味で平和と民主主義を守りぬく運動であることを、日常の教育実践のなかで自信をもって生かさなければならない。

政府ならびに地方公共団体が、すべての国民に平和と民主主義を保障するため、無謀きわまる右翼暴力集団に毅然たる態度で臨むことを要求するとともに、私たち日教組は、いかなる困難と妨害にあおうとも、平和と民主主義を守りぬくため、すべての国民とかたく手をたずさえて断固たたかいぬくものである。

右決議する。

一九八三年八月三十日

日本教職員組合第五八回定期大会

なお、この大会二日目の早朝、会場近くのつるやホテルに右翼の街宣車が突っ込む事件があった。警察の警備も県の総評関係者のみなさんも用心していたのだが、朝早く（午前三時二十分）の警備の薄い時を狙ったのであろう。けが人はいなかったものの、大騒ぎになった。

私はこの大会で、教育文化部長が入院中だったために、初めて答弁台で答弁した。うまく質問の意味をつかめず、答弁台で何か答えている時に、議長がちらっとこちらを見た。おそらくピンボケの答弁であったと思うが、後で速記録を見たら整合性があり、これは速記者が修正したのだろうと思う。その日の大会が済んだ後、派閥の会合に出たら、渡久山の答弁はなんだという批判もあったが、田中会長が「〇〇さんのものよりよかった」と弁護してくれた。

この大会の最初の議長は沖縄県教組の比屋根清一さんだったが、これは次期大会が沖縄であることの布石だったのだろう。

㈣ 第60回定期大会　沖縄・那覇――沖縄戦に学んで、平和運動の再構築を

この大会でのスローガンは「総学習・総要求・総行動」であり、教育実態総合調査の運動の推進がめざされていた。このスローガンは、田中一郎委員長代行の時、神奈川大会で提起され、今回は、田中委員長になられての提起であった。当時の中曽根康弘総理が、臨時教育審議会を発足した後の大会であった。

田中一郎日教組委員長の挨拶

日教組の大会は、一昨年の島原大会以降、右翼暴力集団の想像をこえる妨害によって異状な状況の中で大会を断行してきました。

しかし、今次大会は、沖縄県教組、高教組を中心に、沖縄県労協はじめ各民主団体と沖縄県民の皆さんのご協力を得て、定期大会を数年ぶりに正常な時期にこのように立派な会場で開催することができました。組織を挙げて、日夜献身的に取りくんでいただいた沖縄の仲間の皆さんに、心をこめて万雷の拍手を送り、感謝の意を表したいと思います（拍手）。

かつての沖縄戦で非戦闘員であった住民の三分の一の生命が奪われ、いまなお日本国内の五二・六％の米軍基地が集中し、「チームスピリット84」「リムパック84」など実戦さながらの演習が行われ、沖縄では「戦後が終わらない中に、新しい戦前が始まっている」と言われます。私たちは、沖縄の仲間たちの反戦平和闘争の歴史に学びながら「教え子を再び戦場に送らない」決意を新たに共有したいと思います。

「基地のない沖縄の祖国復帰運動」の先頭を歩み続けられた私たちの尊敬する先輩・屋良朝苗氏、また喜屋武真栄氏は、「小指の痛みを全身の痛みに」と本土の私たちに強く訴えられました。

私は、「戦争の加害・被害の痛みを、子どもを含むすべての国民のものに」と強調したいと思います。昨年、退婦教がまとめられた『校庭は墓場となった』や沖縄県退職教職員の会婦人部が発刊された『ぶっそうげの花ゆれて』は痛恨の山河を背景に、生存者の痛みに死者の魂が加わって戦争の惨劇が証言されています。

私たち日教組は、過去幾多の教職員たちの先進的な役割に学びつつ、このことの討論を重視し、反核・軍縮・平和運動の先頭に立つ具体的方針を樹立するとともに、平和教育をより充実発展させることがきわめて重要です。このことが沖縄大会の持つ主要な意義であることをともに確認しようではありませんか。

比屋根清一沖縄県教組委員長の挨拶

独自の文化と芸能を保有し、その反面、基地に囲まれたこの沖縄によくおいでいただきました。今年の二月に、日教組本部より開催の要請を受けたとき、私の脳裏によみがえったのは、昨年のあの岡山大会（湯原）の状況でした。日教組が主催する大会や教研集会が妨害され、拒否されるような状態は異常であります。でも、岡山大会開催までの経緯を聞き、その中で関係者の努力によって大会が成功を収めた事実を思い起こしたときに、自らの問題として、日教組の大会が全国都道府県どこでもごく自然に開催される態勢を整えなければならないと自覚して、要請をお受けいたしました。今日の大会までの準備は短い期間でございましたが、何とか形だけは整えることができました（注：比屋根委員長は、岡山大会で議長をされ、岡山大会の実相を身をもって体験された）。

沖教組が日教組に加盟したのは、復帰後二年目の一九七四年でした。加盟一〇年という記念すべき節目に日教組大会を迎えることは、沖教組にとってもたいへん意義深いことであります。

第二次大戦で、全国各都道府県に類のない地上戦を経験し、県民が否応なしに戦火に巻き込まれました。ひめゆりの塔、健児の塔をはじめ、多くの碑に、教え子の名を刻まねばならなかった沖縄の教師たちは、この苦痛を背負って、毎年六月二三日の「慰霊の日」を反戦平和を願う日として位置づけて、平和運動を恒常的に進めています。また学校現場では、欠かさずに平和教育の特設授業を、校長をはじめ全教職員で取り組んでおります。期せずしてこの時期に、「教え子を再び戦場に送るな」のスローガンのもとに、戦後教育の原点に立って平和、民主教育を推進する日教組大会が開かれる意味は重要であり、沖縄は最もふさわしい開催地であると思います。

そこで、私たち沖教組は、大会にご参加の皆さんに平和教育の素材になればと思い、「沖縄への旅」と題して、基地と戦跡巡りの資料を作成いたしましたのでご活用をお願いします。また、沖縄戦記録映画を上映します。この記録映画のフイルムは、アメリカの国立公文書館に保管されているものを一フィート一〇〇円で購入して編集したもので、「一フィート運動」の映画です。

最後になりましたが、皆さんの英知の結集によって、国民が心から求めている地域からの教育運動の具体的な方向を示してくださるよう、地元県教組として心からお願いし、歓迎のご挨拶に代えさせていただきます（拍手）。

地元関係来賓の挨拶

神山操沖縄県労協議長の挨拶

悲惨な戦争体験を通して、再び戦争を起こしてはならないと心に誓い、平和・民主教育の確立を目指して一九四八年に結成されました日教組の定期大会が、沖教組の日教組加盟一〇周年という大きな節目を記念して初めて沖縄で開催される第六〇回定期大会の持つ意義は、きわめて大きいものがあります。

第一点は、日本国憲法が保障し民主主義の基礎である言論、集会の自由が毎年のごとく右翼暴力集団の圧力や妨害によって阻害され、困難な状況を余儀なくされた日教組大会が、一切の妨害をはね返して、三年ぶりに公共施設で、しかも堂々かつ整然と開催することができたことであります。

第二点は、全世界が核戦争の脅威にさらされている中で、米太平洋艦船に核巡航ミサイルトマホークが配備されるなど、沖縄が、そして日本列島が、米ソの核戦場にさらされ平和の危機が叫ばれているとき、大会を行う意味の大きさであります。

第三点は、「教え子を再び戦場に送るな」という大会のスローガンの理念にふさわしく、太平洋戦争で日本国内では唯一の凄惨な地上戦闘を体験した反戦平和の原点である沖縄の地での大会開催、しかも、六月二三日の「慰霊の日」を目前に控えて大会が開催されることであります。

平良良松那覇市長の挨拶

この那覇市で、日教組大会が開かれる。私は、このことを聞いただけで胸の中が熱くなるような思いをいたしました。

〝農は国の本なり〟と言われたのは昔のことで、今日は国の本が教育しかありません。日教組への風あたりが強いのもそのためであろうと思います。戦後日本が敗戦との引き換えとしてかちとり、守り育ててきた民主教育、その推進主体である日教組こそ戦後体制の主軸であり、私たち国民はその活動に負うところがいかに大きいかを考えざるを得ません。この大会が全那覇市民に温かく見守られる中で、大成功を収められますよう心から祈念を申し上げます（拍手）。

大会開催地の首長が挨拶されたのは、神奈川県の長州一二知事以来である。

喜屋武真栄参議院議員の挨拶

いま、日本の政治の中で、特に問われているのは、平和の問題と教育の危機であります。その平和と教育を守るために、戦後教育の原点を平和と民主教育に求め、教育者としての良心と情熱を傾け粘り強く、運動を展開し、勇敢に闘っておられる日教組に対し、私は、深甚なる敬意を表しその活動を評価するものであります。また、私は、かつて、日教組が沖縄返還闘争の中で、あるいは、戦災校舎復興全国運動の際、全組織を挙げて、ご協力、ご援助くださいましたことに対しまして、この場を借りて、改めて限りない感謝とお礼を申し上げます。六月二三日は、沖縄戦の終結を記念した「慰霊の日」であり、その日を前にもたれる大会ですが、沖教組を中心にして、この沖縄を、慰霊の島でなく、世界の平和のメッカの島にしようととりくんでいます。私、あの悲惨極まりなかった沖縄戦で多くの教え子を戦場で散らし、言うならば加害者の一人でもあります。私はそのことを厳しく反省する中から、教育の恐ろしさ、そして教育の大事さをいまさらながら痛感いたしました。すなわち、軍国主義教育は、戦争を肯定し、人殺しを誇りとする人間を育て、平和教育は、生命の尊厳と基本的人権の大事さを学ばせる教育であります。誤った政治を正しくしていくのも教育の力であります。本大会の意義もそこにあろうかと思います。大会の成功を心から願います。

黒川武総評議長の挨拶

私は、心ひそかに、日教組大会こそ、日本の民主主義をはかるバロメーターだと思っております。また、いま日本の教育問題で悪いのは、一つは文部省の官僚化ということ。二つは、教科書が面白くないということ。三つ目は、教員組合を敵視している教育委員会であろうかと思います。

仲吉良新地公労事務局長の挨拶

私たち地方公務員の賃金は、まさに、労使間の交渉でもなくあるいは人事院勧告でもない、それどころか、労使の関係に全くない、使用者でもない国の意思によって一方的に決められているという状況にあります、まったくこの権利のない状態が、ここ数年間続いてまいりました。このことを地方公務員の一人ひとりに問い、一般住民に、本当に地方公務員の賃金の決まり方はどうなのか、これでいいのかということを改めて聞き、提起し、議論していきたいと思います。この大会が、第二次大戦中、十数万の人命を犠牲にして軍隊は住民を守らないという、尊い事実を実証した沖縄で開かれています。今また、日本全体の専用施設としてあるいは、七五％の米軍基地が沖縄に集中しています。太平洋全体の、日米の軍事的な連結拠点としてのキーストーンでもあります。この基地の重圧にまだあえいでおります沖縄での大会ですが、右翼の跳梁の中で行われることは、那覇市民や県民に、日本はここまで来たかと、反面教師として身をもって体験させるという意味で大事なことだと思います。

沖縄での右翼の妨害に関して

他府県での大会に比して、沖縄では右翼の妨害は少ないにもかかわらず、仲吉さんの言葉には、日教組の大会が日本の民主主義のバロメーターであるという側面が感じられる。当時の沖教組の総務部長石川元平さんによると、本土から来た右翼は、街宣車に日の丸や旭日旗を振りかざし、軍艦マーチを鳴らして走り回っていたが、市民や県民から相手にされず、かえって反感を買っていたため、沖縄民謡を鳴らし、海水浴をして帰って行ったという。また、沖縄警察もきちんと警備や取り締まりをしていたようだ。

当時の沖教組の宮良豊吉教文部長が、国民歌や日教組の組合歌の指揮をしたが、もともと音楽の教員だということもあって素晴らしかった。特に、日教組の組合歌に前奏をつけていたのだが、それが素晴らしかった。四小節か八小節であったと思う。勢いよくはぎれよく、もう一度聞きたいものであるが…。この時の日教組本部宿舎は大道の沖縄ホテル。栄町が近くで、何回か「ヒージャー（山羊）」を食べに行った思い出がある。私は沖縄出身だけれども、総務部長付で、警備や警護の担当であったので特別なこともなく、本部宿舎につめていたので少し寂しかった。

大会で挨拶に立たれた喜屋武真栄先生は、沖縄復帰協会長をされていた時、横浜、川崎に来られたことがある。私が「神奈川 屋良さんを励ます会」事務局長の時で、「自由の保障のない社会には、平和は有り得ない」の色紙をいただいた。必死に活動していた時期だったので、感激した思い出である。参議院議員になられてからもお付き合いはあったが、私が衆議院沖縄特別国会で公述をし、翌朝の新聞にその時の記事が掲載された時に、先生から直接電話をいただいたことがある。有難く、感謝した。

追記。

沖縄大会の時にバックスクリーンになっていた大きな沖縄紅型は、沖縄県立首里高校染色科の生徒の作品で、大会後、日教組に寄贈され、今は日本教育会館三階ホールにガラス張りで展示されている。最初は日本教育会館の玄関正面にガラス張りで飾られていたが、何者かにガラスを割られた。現在の三階にあるのは、その後、再展示されたものである。これは、山本和夫書記次長（当時）の計らいであった。

第四章　日教組四〇〇日抗争——日教組はどうしたのか
（広田照幸先生著作から転載）

いわゆる「四〇〇日抗争」については、問題は三点あった。

一つは、委員長人事について。いわゆる主流右派と主流左派、反主流派の意見の違いである。

二つ、労働戦線の統一について。これも主流右派と主流左派の一部、主流左派、反主流派の、連合の結成およびそれへの参加について、方針と考え方の違いの問題である。

三つ、日教組の運動のあり方について。何を重視するかについての方針の違いである。右派主導で「総学習・総要求・総行動」を神奈川大会で提唱していたが、長らく続いてきた「総学習・総抵抗」の路線があった。

これらが幾重にも絡まり合って、結果的に長期間の抗争状態に陥ったのである。

これについては私自身が総括し、解説して意見を述べるべきだろうと思う。しかし、私は当時、主流右派の当事者であり、最中の真っただ中にいた。それゆえ、客観的な記述は正直不可能である。

当時のことについて、私もインタビューを受けた内容が書籍になっている。広田照幸編『歴史としての日教組』上下巻（名古屋大学出版会、二〇二〇年）である。そこから抜粋して紹介したい。ここで私が述べていることも、当時只中にいた私の捉え方である旨、お断りしておきたい。他派は別の意見を持っていた。

――以下・引用文

「八六年八月末の臨時中央委員会での紛糾を皮切りに、同年九月の定期大会開催の延期により、後に「四〇〇日抗争」と呼ばれることになる、主流派内の対立が始まった。書記局の機能が停止するなか、同年暮れまで有力単組のメンバーによる会談と調整が進んだ。その結果、八七年三月にはいったん臨時大会が開催されて、当面の予算などが承認された。しかしながら、同年夏には人事問題などをめぐって再び対立が再燃、八月には書記局が無予算状態に陥り、九月には主流左派が反主流派とともに、主流右派抜きで全国代表者会議を開催し、大会開催を強行する動きを見せた。十月末には総評が調停に入り、何度も協議が中断しながら十一月十九日にやっと主流派内部での合意に達した。人事刷新の案件を含めた定期大会が開催されたのは、翌八八年二月一日（福島）のことであった（下巻、七一頁）。

日教組の主流派は、それまでの長い間、左右両派の意見調整を行うインフォーマルな仕組みを作ってきていた。それが、日本教職員組合社会党党員・党友協議会（党員協）である。決定権のある機関会議（大会や中央委員会）の直前などに、主流派内の幹部やメンバーが集まって開催され、事前に「議案の処理の仕方の意思統一」(渡久山長輝氏からの聞き取り、二〇一二年九月二十五日(中略))をしておくという意味で、機関会議の決定にきわめて重要な役割を果たしていた。

そもそも日教組は、一九六一年六月十九日からの定期大会(宮崎)で、支持政党をめぐって議論を紛糾させた末、同年七月の再開大会(東京)で社会党支持を機関決定し、その後、九〇年代初頭に至るまで、共産党系とされる単組・組合員を抱えながら、大会では社会党支持の方針を決定し続けてきた。異なる政治的立場の単組・組合員を抱えながら社会党系の主流派が安定した組織運営を維持してきたのは、五五年に総評事務局長に就任した岩井章の提言で各単産・単組に作られた党員協が機能してきたからであった(下巻、七四〜七五頁)。

さらに、主流派内の左右両派は、それぞれ独自に会合を持っていた。一九八〇年代半ばの右派は現代教育労働運動研究会(通称「現教研」)グループと呼ばれ、左派は日教組社会党員(友)協議会各県連絡会(通称「各県連」)グループと呼ばれ、それぞれ党員協で協議される案件などについて情報を共有し、事前に対応を協議するネットワークを持っていた（下巻、七五頁）。

当時の抗争の中心にいた人たちの証言でも、四〇〇日抗争スタート時点の争点は人事問題だったと振り返る回想を拾うことができる。渡久山長輝氏（主流右派、当時日教組総務部長）は、田中委員長が再選に固執している中で、西岡問題が起きて主流左派や反主流派からの批判を浴び、そこで主流右派はあえて「路線問題」として対立軸を立てた、というふうに語っている。（中略）

〇証言1

渡久山　中小路さんは長いこと書記長をしていましたから、次に委員長になるのは中小路さんというのは、自明の理といったら自明の理です。しかし、それに対して田中さんは抵抗して一切させませんでした。させなかったというよりは、自分がやりたいということをずっと言っていました。そのときに、西岡問題が出てきたから、「何だ、これは、西岡なんかおかしいじゃないか」というところで、これは私が言ったということになっているけれど、本当は私かどうかわかりませんが、「では、路線問題にしよう」と。西岡問題といったら、何か自民党とのあれに似ているでしょう。そうではなくて、社会主義協会の考え方が間違っている。だから、中小路さんにはしない。だから、田中路線を引き継ぐ人を委員長にするべきだ、というようにしました（下巻、八五～八六頁）。

四〇〇日抗争を経ることによって、一九七〇年代以来の懸案事項であった労戦統一問題への日教組の姿勢の問題に関して一応の決着がついた、といえよう。人事問題の様相で始まった四〇〇日抗争だが、その後半には労戦統一問題が重要な争点となり、八七年十月の総評の介入において、労戦統一問題は人事の問題と並んで左右両派の代表による合意に至った。主流派内の幹部クラスの合意によって、その後の労戦問題への日教組の対応の方向はほぼ固まった。（中略）

以上をふまえると、四〇〇日抗争は、日教組の歴史の大きな分岐点であったといえる。連合への参加は、労働組合として、政府・与党へ否定的・対決的なそれまでの姿勢を変更するという軌道修正を意味するものであり（これは一九九五年の文部省との「歴史的和解」につながっていく）、組織内の姿勢の分布の塗り替えは、連合参加に原理レベルで反対する反主流派を孤立させ、一九八九年の分裂を用意することになったからである。

四〇〇日抗争が始まる半年以上前の一九八六年初頭に、評論家の土屋達男は、「一九八六年は日教組にとって、かつてない試練の年になるだろう」と予言し、運動のやり方の見直しや組織の拡大強化の問題などと並んで、組織内の対立の問題を鋭く指摘していた。そこでは、「統一労組懇系の反主流派」について、次のように述べていた。「いくらか先のことになるが、労戦統一で日教組が自治労とともに、全民労協と官公労の統一路線に相乗りするような事態にもしなった場合、統一労組懇自体がナショナルセンターとして発足する可能性も、全くないとはいえない。そうなれば、日教組も組織的に大きく混乱することになる」と。まさに、四〇〇日抗争は、「日教組が自治労とともに、全民労協と官公労の統一路線に相乗りするような事態」を生み出した。そのことは、その後、一九八八―八九年の「統一労組懇自体がナショナルセンターとして発足する」自体へとつながっていったとみることができる。四〇〇日抗争の展開次第では別の可能性もあり得たことを考えると、日教組にとっても日本の労働運動全体にとっても、四〇〇日抗争が持った意味は大きかったといえる。

しかしながら、多くの組合員には、この構想が持っていた意味はなかなか理解されなかった。主流右派の石井氏の私文書を読み解きながらこの四〇〇日抗争の過程をたどり直した広田・徳山・高木の論文では、あらためて労戦統一問題が対立の中心的な主題であったことを確認したうえで、次の二つを指摘している。①当時の民間労組が直面していた危機感及び七五年のスト失敗後に総評が直面していた組織存続の危機が、日教組内ではあまり共有されていなかったし、特に一般組合員の関心は薄かった。②日教組は経済闘争よりも教育研究や平和問題などの社会運動に関心を抱く組合員を多く抱えており、西岡問題は教育路線の選択をめぐる問題であるという主流左派の解釈がなじみやすかった。これらによって、四〇〇〇日抗争の本質が認識されにくかったというのである。

そうであったがゆえに、長期間にわたった主流派内の対立は、多くの組合員の失望や不満を生むことにもなった。前述のサーストンは、次のように述べている。すなわち、四〇〇〇日抗争という内紛は、全国の教師たち、そして世論の、日教組執行部に対する否定的なまなざしを生み、敬意・好意の喪失を招来した。その結果として不可避的に、日教組は弱体化し、教育政策・教育行政における一定の影響力も著しく低下した。

「大きな話」としてはそのとおりであろう。しかし、このような結論的見解を導き出したサーストンの分析は、「はじめに」で触れたように、当事者たちの意図や真意、行為に迫れるようなデータをもちいていなかった。したがって、当事者たちがどのようにその行為環境を認識し行為したのか、当事者たちにとっては何が「正当」で「望ましい」ことであり、何が限界状況であったのかについては、明らかではない。だが、本章で分析してきたような、日教組の組織としての諸々の選択を評価するのであれば、「状況のなかで行為する人間」という観点からの解明が不可欠である。

もちろん、四〇〇日抗争の決着に向けた日教組の選択が、どのように評価できるかについては、今後のさらなる解明作業が欠かせない。具体的にいえば、四〇〇日抗争前後の時期において、日教組外部の関係者や反主流派にとっては、労戦統一の加速や社会党の方針転換などがどのように経験されていたのかが、一九七〇年代にも遡りつつ、明らかにされなければならない。さらにまた、一応の決着がついただけの労戦統一について、中央執行委員会のメンバーに、どのくらい問題の本質が見えていたのかということについても、解明が必要だろう（下巻、一四九―一五一頁）。

第五章　思い出の日教組定期大会　その二

(一) 第64回定期大会　福島・福島──統一と団結の再生大会

この定期大会は、いわゆる「四〇〇日抗争」が終わって、その時の三役が退陣し、新しい役員体制を構築していく大会であった。日教組の統一と再生、同時に、新生日教組を創るのだという決意のもと、まるでガラスの器を壊さないように、慎重にすすめられた。

しかしこの時も、大会の会場使用が断られ（社会文化会館）、日教組本部の入っていたビル（日本教育会館）は地域との申し合わせがあり、当時は大会に使えなかった。そのような事情から、予算および当面の運動方針を決定する臨時大会は、兵庫の教育会館で、石井亮一代表委員が引き受ける形で行った。そして64回定期大会も、今度は会田長栄代表委員が福島の教育会館で引き受けて、無事開催できることとなった。二人とも、会場の問題で大会が開けないことにならないよう、気にかけてくれていた結果である。

大会スローガンは「総学習・総要求・総行動」に加え、「教育に真実を、職場に自由を」が新しく入った。議事運営委員や議長団の選出にも気を配り、慎重に運営された定期大会だった。

小関恒夫議長（北海道）の挨拶

私たちの日教組が、この二年間になんなんとする間、組織の混乱によって足踏みを余儀なくされた間に、情勢はさらに厳しくなり、今次大会の使命はもはや明確であります。私たちの日教組が組織的混乱を克服して、その機能を全面的に回復し、統一と団結を固めて、政府、自民党の教育破壊攻撃に対して打って出て、一丸となって反撃に転ずる体制を確立することであります。民主教育を守りぬくために、この大会は絶対に成功させねばならないと考えます。

田中一郎中央執行委員長の挨拶

私はまず、日頃から日教組に対し深い理解とご支援をいただき、とりわけ一昨年から続いた組織の混乱に対し、いろいろの面からご配慮、ご指導を賜わりました総評・黒川議長をはじめ、多くの来賓のみなさん、そしてマスコミ関係者のみなさんに深く感謝を申し上げます。

そしてまた、組織内の厳しい状況と地域教育反動の強まる中で、伝統ある日教組の統一と団結を回復せんがため、あらゆる苦難を克服し、極めて短期間で本大会を開催にまでこぎつけていただきました、福島県教組、会田委員長をはじめとする組合員のみなさん、そしてそれをしっかり支えていただきました県内労働組合及び労働者のみなさんに対しまして、心から感謝の意を表したいと思います。

日教組は、一昨年九月以降、組織内の矛盾対立を経て今日に至りました。この間のいわゆる内紛を、マスコミ関係者のみなさんは、日教組の四〇〇日抗争と言っています。そしてこの抗争は、委員長人事を主体としているとも言っておりました。

私はこの間、日教組に対し期待を持ってくださっていた多くの父母、国民、そして学者、文化人のみなさん、また組合員のみなさんに、ことの本質を理解していただく手立てが極めて不十分であったことと、いずれにせよ、組織を預かる最高責任者として、長期にわたる抗争を今日まで収拾できなかったことに対し、心からお詫び申し上げたいと思います。この経緯の中で、私に対し委員長辞任を要求する多くの動きなどもありましたが、唯、単なる委員長人事だけであるならば、身を引くことにいささかな躊躇もなかったと思っています。しかし、問題の本質は、日教組を取り巻く組織内外の諸情勢は、結成以来、未曾有の厳しさであり、そしてまた、日本の未来を背負う子どもたちの教育も日増しにその荒廃の度合いを深めている状況の中で、いかにしたら四〇年にわたる組織の命運と日教組という教職員集団の存在価値を保つことができるのか、このことで苦悩し、呻吟してきた一年半であったがために、自らを抑え、多くの罵倒、中傷にも耐えてまいりました。

しかし、問題の本質が重大であればあるほどに、幾度か最悪の事態にまで陥ったこともありましたが、組織の置かれている危機的な状況と、日教組の統一と団結に対する歴史的な重み、さらに多くの父母、国民、そして組合員の日教組再生に寄せる期待に応えんがため、皆さんに孫譲と英知を持って対処することをお願いし、組織再生への道筋をつくりあげてきたと思います。

そして今、教職員集団としての日教組の存在価値が問われるまさに最終段階としてのこの時期に、心痛める組合員と父母、国民、そして多くの仲間の労働者のみなさんの期待と信頼により深く応えるため、本定期大会の開催に至ったと考えるのであります。したがって、本定期大会の持つ意義と責任は極めて重大であり、その成否はまさに重い伝統のある日教組という組織の命運と、二十一世紀をめざす日本の子どもたちの教育のあり方と深くかかわるものとして強く自覚しあい、教職員集団にふさわしく、この重大にして困難な道を乱せぬよう最大の努力をしていただきたいことを、私は代議員のみなさんに心からお願い申し上げる次第です。（中略）

この大会の経緯を見守っていて下さる多くの父母、国民、そして全組合員の期待に応えられる立派な大会になるよう心からお願いし、日教組委員長としての、最後の挨拶とします。

これに対し、反主流派は、以下のような批判的動議を出した。

田中委員長問責決議（案）

提案県　大阪教職員組合　東京都教職員組合

賛成県　埼玉県高等学校教職員組合　青森県教職員組合　青森県高等学校教職員組合　宮城県高等学校教職員組合　福島県立高等学校教職員組合　茨城県高等学校教職員組合　埼玉県教職員組合　長野県教職員組合　静岡県高等学校教職員組合　愛知県高等学校教職員組合　岐阜県教職員組合　岐阜県高等学校教職員組合　京都教職員組合　奈良県教職員組合　和歌山県教職員組合　兵庫県高等学校教職員組合　島根県教職員組合　山口県教職員組合　香川県教職員組合　愛媛県教職員組合　高知県教職員組合　日本教職員組合大学部　日本教職員組合私学部

一九八四年八月発足した臨教審は、四次にわたり戦後教育を総決算する答申を出した。その具体化を図る法案もすでに閣議決定されるに至っている。臨教審路線を支持する全民労連も発足している。こうした民主教育の危機に際し、日教組は団結して立ち上がることが強く求められていた。

にもかかわらず田中委員長は、一昨年九月一二日、定期大会を突如、一方的に延期したばかりか、組織内外の声や規約・規程を蹂躙し続け、昨年七月一五日以降は、日常業務執行のための中央執行委員会さえ開催しようとしなかった。そのため、昨年八月からは無予算、無方針の状態となり、四〇年の運動の歴史のなかで築きあげた国民の信頼も急速に失いつつあり、まさに、日教組は存亡の危機に直面した。座して崩壊を待つか、立ってその打開をはかるか、その選択が鋭く問われる事態となった。

この深刻な現状を打破し、一日も早く日教組の機能を回復するため、中央執行委員会の過半数をこえる二一名の中央執行委員と一名の専門委員は、昨年九月二日、全国の教職員組合に「日教組の現状打開のための全国代表者会議」の開催をよびかけた。このよびかけに応えて「全国代表者会議」は二回にわたって開催され、一〇月中には定期大会を開催すること、その具体的手続きを中央執行委員会がとること、などの要望が出され全体で確認された。

しかし、田中委員長は、組合員の切実な要求にもとづく「全国代表者会議」の総意をことごとく拒否したばかりか、「全国代表者会議」の確認にもとづき納入された組合費をふくむ一切の財政支出を「凍結」するという暴挙にまで出てきた。

今日までのこのような経過と田中委員長の態度は、組合民主主義にそむき自ら日教組規約を蹂躙し、その職責を放棄したものである。その結果、反臨教審闘争、八七年賃金確定闘争、教育予算闘争なども組織的に展開できず、組合員はもとより、多くの父母・国民に対し、背信行為を積み重ね、組織に対し重大な打撃を与えてきた。

田中委員長はこのような暴挙を日教組の分裂をさけるためという理由をあげてつづけてきた。しかしそれは、〝分裂〟という脅迫によって右より路線を日教組におしつけるための口実にすぎない。日教組の団結の土台は綱領と規約を守ることである。これを踏みにじっている者が、〝分裂回避〟だとか〝統一を守る〟ということを口にする資格はない。

私たちは、一年半にも及ぶ日教組運動の異常事態の打開にむけて、全力をあげてたたかう中で、あらためて日教組の団結の保障としての綱領・規約を守ることとの重要性を明らかにしてきた。このことは、日教組が再びこのような誤りを繰り返さないためにも、また当面する臨教審路線との闘争の積極的発展のうえからも不可欠の課題といわなければならない。

本大会は、以上の考えに立って、田中一郎中央執行委員長の許すことのできない責任を明らかにし、綱領・規約にもとづく日教組の統一と団結を求めることをここに決議する。

地元、福島県教組会田長栄委員長の挨拶

みなさんもご承知のとおり、福島市で日教組の定期大会が開催されたのは、今回で三度目でございます。しかも、第64回定期大会は前回の大会から数えて一〇年目でございます。会場としてはご不便をかける狭隘な建物でございますが、地元といたしまして誠心誠意、短期間のうちに、この大会が成功裏に終了し、明日からの日教組運動が展開されるよう祈りつつ、引き受けをして準備万端整えました。

日教組が一年に一回の定期大会を開催して徹底的な議論を重ねて意思統一をして、闘っていてさえ、容易ではない今日の状況であります。不幸にも一年有余にわたって定期大会が開催できなかったことについて、私どもといたしましても、これ以上大会が会場問題で延びることは耐えられないという立場から引き受けました。

その意味では、二年に及ぶ経過というものについて、この教訓を決して今後繰り返してはならない、こう肝に銘じて、教職員組合連合に結集している組合員は一人の反対者もなく、この大会を成功させるべく意思結集してとりくんできたところでございます。

これが私としての生来の本当に喜びでもあります。本来であれば、一年有余にわたっての混乱であったから、私としても責任を追及される立場であるにもかかわらず、こぞってこの大会

を成功させるべく準備していただいた組合員のことを思うと、非常にうれしい限りであります。そのことはみなさんも心中察していただきたいものと、心から組合員を代表してお願いする次第であります。

本大会が成功裏に終了しないなら、地元県教連といたしましても、福島県の各界のみなさんに笑いものにされることも事実であります。その意味でも、改めてみなさんに、本大会だけは成功させていただき、これを契機に日教組が二度とこういうことを繰り返さないように、お互いに誓い合ってほしいと、こう思うものであります。

私は、民主教育を確立する先頭に立つべき教師集団、民主主義社会をどうしても確立しなければいけないと願いつつ毎日苦闘を続けている職場の組合員のみなさん、これを思うと、ここに結集している我々がその先頭に立って、再び繰り返さないようにぜひ誓い合ってほしいものと心からお願いして挨拶に代えます。

福島県教組・会田委員長のこれまでの苦悩と大会成功への決意、二度と繰り返してほしくない、と何度も言われている心情（信条）を感じる。

この大会は三役の辞任に伴い、新三役と役員の選出をしなければならないことから、そのための動議を提案する必要があり、北海道など九道県の共同議案が地方提出議題として提出された。

地方提出議題（抜粋）

一九八六年度日本教職員組合役員定時選挙の執行について

提出県　北海道教職員組合　福島県教職員組合　神奈川県教職員組合　愛知県教職員組合　兵庫県教職員組合　徳島県教職員組合　広島県高等学校教職員組合　福岡県教職員組合

（一）一九八六年度日本教職員組合役員定時選挙については、役員選挙規定第九条にもとづき、一九八六年九月十三日に予定されていた日教組第六三回臨時大会が延期されたことにより未執行となっています。

この間、一九八七年三月に開かれた日教組第六三回定期大会で「日教組第六三回臨時大会の意義・性格と大会運営の基本的考え方」のなかで、「役員選挙を執行するために選挙委員会がこれまですすめていた役員選挙に関する手続きは有効です」と決定され、今日に至っています。

日教組中央執行委員会は本年一月二十一日に、延期されていた第六四回定期大会を、二月一日から三日間開催することを決定しました。このことにより役員定時選挙を執行することが可能となりました。今日の緊急事態のなかで、役員選挙を終了し、文字どおり日教組の機能を全面的に回復することは重要です。

しかし、既に公示されて以来一年六ヵ月を経過していることから、一九八六年七月に公示された役員選挙に関する諸手続きを無効にし、今大会に於て役員定時選挙を執行すること。

(二) ①この大会で選出される役員（監査委員を除く）の任期は、一九八九年定期大会までとすること。そのための必要な規約改正の措置を中央執行委員会は講ずること。

②本大会の会期中に役員定時選挙を執行するため、中央執行委員会は、役員選挙に関する選挙規定・同細則の一部改正を提起し選挙執行を円滑に行う措置をとること。

一九八六年度日本教職員組合役員定時選挙については、すでに公示され所要の手続きが選挙委員会で行われていたが、九月に予定されていた臨時大会が延期されたことにより、選挙そのものが未執行になっていた。この間、一九八七年三月の定期大会で、役員選挙に関する手続きは有効である旨決定されたが、公示から一年六か月を経過していることから、これまでの手続きは無効とし、今大会において役員定時選挙を執行することとなった。

これに対し、反主流派から緊急動議が出され採決となったが、賛成少数で否決された。

その後に行われた役員選挙の結果、福田委員長をはじめ全員が信任された。定数の選挙であった。信任は福田忠義委員長が一番多く、私は書記次長となったが、三役のなかでは信任がもっとも少なかった。九州では左派に入れるようにしていたということだったが、沖縄県教組の比屋根委員長は、沖縄の渡久山に入れたと後で聞いた。とてもうれしかった。

大会期間中、私は総務部として予算の編成と会場の整理や警護、警備関係のことをしていた。会場の整備については、福島県出身でこの時副委員長だった山本和夫さんが、わがことのようにやってくださった。東北の気候から、暖房の装置がとても大きかったことを覚えている。警備は会館の入口は東京の警視庁が行い、その外側を福島や他の県のみなさんがやってくださった。

㈡ 第68回定期大会　鳥取・鳥取――反主流派の離脱した大会

この大会が鳥取で行われたことには理由がある。当時、反主流派・共産党系の組合が、日教組から分離脱退するという動きがあった。執行部はこれをできるだけ避けるべく、主流派、反主流派のバランスの取れている鳥取を選び、鳥取高教組の山田篤委員長にお願いした結果の開催であった。しかし最終的に反主流派・共産党系組織は、自らの〝ナショナルセンター〟を作るために日教組から離脱していった。

議事運営委員長には北海道の榊原長一さん、副委員長に滋賀の山森正さんが選出され、大会で承認された。榊原長一委員長は登壇して、次のように挨拶した。

榊原長一委員長の挨拶

第一として、さる参議院議員選挙で、惨敗したにもかかわらず、海部自民党内閣、石橋文部大臣は、最悪の改悪の学習指導要領を押し付けてきていること。

第二には、労働戦線統一の課題。

第三に、数多くの反動攻撃が日教組の分断分裂、弱体化攻撃として行われていること。しかし、日教組六〇万の統一と団結を、己の瞳のように大切にし、統一と団結を最も根底に据え組織を守り抜くこと。

開会議長は、地元県の鳥取高教組の山田篤委員長であった。

山田篤議長の挨拶

今次第68回定期大会は、全国、全組合員はもとより、全労働者、全国民の注目の中でただいま開催されました。今次大会の任務と性格、その重要性については、大会代議員はもとより、満場のみなさんが等しく認識されていることと思います。四日間にわたる代議員のみなさまの、真摯で活発な討論を期待します。

この後、反主流派の脱退に伴う大会代議員の構成についての緊急提案が執行部からあった。大場書記長の提案である（詳細は大会速記録参照）。

（一）日教組第68回定期大会の代議員構成・専門部総会の構成にかかわる緊急措置に関する件（案）

（抜粋）

日教組本部や大会開催県の地元関係者の努力が続けられている最中、「教職員組合全国連絡会」に参加する各県（高）教組は、これまでの日教組への分派・分裂行動をさらにエスカレートさせ、日教組定期大会不参加という組合組織の自殺行為ともいうべき無謀な行動をとることを表明し、もしくは決定しています。

日教組中央執行委員会の労働戦線統一に関する提案が自分の意にそわないからといって「大会不参加」とすることは、組合民主主義に反し、組合員の日教組運動への参加する権利そのものを奪うと同時に組合員の意思を代表する代議員としての義務不履行という重大な誤りをおかすものです。このことは、日教組六〇万の統一と団結をふみにじり組織分裂に道を開くものとして断じて認めることはできません。

（中略）大会成功の立場から中央執行委員会は、（中略）今次第68回定期大会の代議員構成及び専門部総会の各県代表の構成についての緊急措置として下記のとおり措置することとし、大会の承認を求めます。

一、第68回定期大会の代議員構成についての緊急措置

1　組合費、組合基金、救援資金、国際交流資金、組織確立基金、専従役員給与交付資金、国民教育研究所費（以下、組合費と略す）を完納せず、日教組定期大会に不参加を決定している単位組合にあって、当該単位組合内の県教組、高教組のいずれか一方の組合が組合費を納入し、大会参加の意思を有する場合は、規約第16条の規定にかかわらず組合費を納入した単組の納入組合員数をもって代議員数の算出を行い、代議員として大会参加を認めるものとする。この場合の信任状は組合費を納入した組合の長が発行するものとする。

2　単位組合が「組合費を納入せず、大会に参加しない」ことを決定している県にあって支部（単組など）が大会参加の意思を有する場合は、規約第16条の規定にかかわらず組合費の納入がなくても当該単位組合の代議員数の範囲内で特別代議員として確認する。この措置は第68回定期大会限りのものとし、特別代議員証は日教組中央執行委員長の責任で発行する。ただし、特別代議員は、大会の代議員構成員とはせず、発言権は付与するが、採決権は有しないものとする。

二、一九八九年度各専門部総会の各県代表の構成についての緊急措置

専門部総会の各県代表の構成については、それぞれ専門部細則によって規定され、日教組に加盟する各県・高教組、大学部、私学部の専門部の代表によって構成されることになっている。九月四日に開催された一九八九年度の専門部総会に県・高教組が組合費を納入せず、代表が参加しなかった県については、第68回定期大会の代議員構成に準じて今回の総会に限り構成員から除外することとする。したがって、各専門部総会はすべて成立したことを確認する。

福田忠義日教組中央執行委員長の挨拶

私は、本大会の開会にあたりまして、一部の県、高教組が、大会不参加を表明するという残念な状況を報告しなければなりなせん。いうまでもなく、本大会は、昨年一年間の総括の上に立って、新しい年度の闘う方針を決定していただく大会です。

とりわけこの大会は、戦後一貫して追求してきた労働戦線の統一の課題について、新しいナショナルセンターへの参加を決定していただくことになっています。しかしながら、日本共産党の方針と指導にもとづいて、「統一労組懇」を支持する一部の県、高教組は、日教組の「新

統一ナショナルセンター加盟」の方針に対し、一方的に、しかも事実と異なる独断をもって、「臨教審路線反対を投げ捨てた」「統一労組懇を切り捨てる約束をした」などのデマ宣伝を繰り返し、それを口実にして、自らの分裂行動を正当化しようとしています。

すでに皆様もご承知のとおり、さる七月三十一日、「統一労組懇」を支持する一部の県・高教組は、「教職員組合全国連絡会」を結成し、分派、分裂による独自のナショナルセンターづくりを明らかにしました。そして、日教組大会への不参加を呼びかける集会を開催しました。

（中略）

日教組が「教え子を再び戦場に送るな」という誓いのもとに、反戦、軍縮、平和と民主主義を守り抜くという方針と、臨教審路線反対の旗印を明確にしていることは、運動方針を一読していただければ、明白だと思うのであります。

さまざまな意見を持つ各県の代議員によって十分に討議され、決定された方針にもとづいて、運動を推進することは労働組合の基本です。

提案が、自分の意に沿わないからと言って、「大会不参加」とすることは、組合民主主義を否定し、組合員が日教組運動に参加する権利を奪うという重大な誤りを犯すだけでなく、日教組の統一と団結を踏みにじり、分裂への道を開くことにほかなりません。執行部としては、このような状況を絶対に許すことはできません。改めて、組織的な厳しい対応をせざるを得ないことを、ここに明らかにしておきます。

松崎博司鳥取県教組委員長の挨拶

鳥取市において、日教組の定期大会が開催されますのは、一九六九年以来二〇年ぶり、二回目になります。日教組本部より大会開催の要請を受け、率直に申し上げて不安と戸惑いを感じました。しかし、今次大会は、かつて二〇年前の大会開催が両教組の組織強化につながったことを想起し、自らの問題として大会開催を決意したわけです。

それ以降、過去に大会をされた各県の献身的な努力を教訓に、言論と集会の自由を守り、何としても右翼妨害勢力の干渉を排除し、公的施設で、しかも大会場として十分なスペースをもつ施設の確保に努力してまいりました。この間、社会党県議団をはじめ施設関係各位のご理解とご協力により、このように教職員集団の大会らしい、机もきちんと配置した代議員席と、傍聴席も十分、一堂に設けられるような会場が設営できたことを心から感謝しているところであります。（中略）私たちは、この68回大会が、内外ともに厳しい情勢の中、反臨教審路線の戦いをはじめ重要な教育闘争の課題と、労働戦線統一の歴史的決断を求められる大会になるだろうことを予想し、その認識に立って、両教組三八〇〇余名の組合員全員が心を合わせ、県総評に結集する多くの地元組合員のみなさんの支援を受けながら、鳥教協として力の限り準備を進めてまいりました。（中略）しかるに、一言付言するならば、本大会に不参加の一部教組があったことは、大会成功を信じ、開催に努力してきた地元教組としては、誠に残念でなりません。しかし、今次大会は、参加代議員のみなさん、みなさんの熱いそして真摯な議論と実りある結論があることを信じ、鳥教協を代表しての歓迎の挨拶とします。

来賓挨拶の冒頭で、黒川総評議長は今までとは全く変わった挨拶をされ、文部大臣の出席を求めた。

黒川武総評議長の挨拶（要約）

今回の参議院議員選挙で当選した議員を含め、日政連は三〇名を擁する。日教組大会には、文部大臣か総理大臣にも挨拶に来てもらいたいと思う。日教組は、内輪のキャチボールでなく、父母、国民とのキャチボールをしてほしい。今回で総評議長としての最後の挨拶となった。日教組にはいろいろとお世話になり、ありがとうございました。

以下は、鳥取大会での労働戦線統一に関する提案と決議の概要である。

(二) 労働戦線統一に関する件

●提案理由

今日、わたくしたちをとりまく情勢は、政府・自民党と財界が一体となってすすめている「戦後政治の総決算」路線と、産業構造の変化によって、勤労国民の生活と権利が大きく侵害され、平和と民主主義、民主教育が重大な危機にさらされています。

したがってこの状況を克服するためには、官民の労働者が相互に胸襟を開いて、それぞれの課題を理解し、固い意思統一にたって、賃金・労働条件の改善、制度・政策課題の実現を図らなければなりません。

そして、すべての労働者・労働組合が総結集し、共同行動を強めつつ、資本と権力の一体的攻撃をのりこえることがきわめて重要です。

そのためにも、一国一ナショナルセンターの組織原則に基づく、わが国統一ナショナルセンターの結成は不可欠といわなければなりません。

これまでの経過と現状、今後の対応で明らかなように、日教組の統一と団結を大事にしつ

つ、すべての労働者・労働組合の大結集による統一ナショナルセンターの形成が緊急に求められています。(中略)

●提案事項

(一)日教組は第15回首脳会談の合意事項である統一案起草委員会の結論「連合の進路」「運動の領域と活動のすすめ方」「規約」、ならびに総評提案の「統一ナショナルセンター発足にむけて」「国際自由労連加盟について」を支持し、全日本民間労働組合連合会(連合)と各官公労働組合との統一による新統一ナショナルセンター(日本労働組合総連合会—連合)に加盟することとし、九月に発足が予定されている統一準備会に参加します。

(二)日教組は、総評提案の「『総評センター設立方針』について」を支持し、これに参加することとします。そのなかで、これまでの総評労働運動の課題で、新しいナショナルセンターに直ちに継承が困難な課題(例、政治活動、国民運動、平和運動、県評センターの共同行動など)について運動を強化します。

(三)地方組織の結成と運動については、これまで地方の運動に果たしてきた役割を重視し、県評、地区労運動の主体性を堅持しつつ、従来の課題とたたかいを継続発展させます。

(四)日教組は、産別組織としての主体性を堅持し、組織的力量をたかめつつ、臨教審路線を排し、憲法・教育基本法にもとづく国民合意の教育改革、反核・軍縮・平和・護憲など、日教組運動の重要な課題についてとりくみを強め、同時に新しいナショナルセンター、総評センターなどでのとりくみを重視します。

（五）「統一労組懇」「全国教職員のあり方懇」が、産業別労働組合の組織原則に反し、日本共産党主導の「統一労組懇」を中心とする「階級的ナショナルセンター」の結成と、それへの参加ならびに「教職員組合全国連絡会（全国連絡会）」の結成を強行しようとしていることから、日教組産別としての統一的対応をひき続き求めていくと同時に、組織原則と組合民主主義の原則に基づき、組織的対応を強化します。

（六）日教組は、労働戦線統一検討委員会、産別組織対策委員会を継続設置し、労働戦線統一完成に組織の総力を結集します。また、各県・高教組も同様の対応を強化します。

（三）日教組の産別組織強化と防衛をはかるための特別決議

日教組第68回定期大会は、参議院選挙の成果と教訓をうけて、今日の臨教審路線にきびしく対決し、反動教育行政に終止符をうつため、いまこそ総団結をつよめ、たたかう方針を決定する重要な意義をもって開催されました。

しかしながら、一一県、一二高教組、大学部・私学部は、組合費納入を凍結し、今次定期大会の出席を拒否しました。（中略）これらの行動の背景は、日本共産党の組織戦略と労働組合対策方針にもとづくものであり、計画的に別組織づくりをすすめてきたものです。

すなわち、七月三十一日「教職員組合全国連絡会」を結成し、八月二十七日には、十一月を目途に「産別機能をもつ教職員の新しい組織」としての別組織をつくり、日本共産党主導の「たたかうナショナルセンター」に加盟することを決定しました。

その席上、六名の日教組中央執行委員は日教組役員の辞任を表明し、翌日辞表を提出しました。また、規約第35条の適用をうけているそれらの各県・高教組の専従役員は、辞任届けと合わせて専従役員の補償規定にもとづく支払い請求をおこなってきました。今日の大会出席拒否は、これまでの計画的反組織的行動の延長線上でおこなわれているものです。

これらのことは、明らかに別組織づくりの分裂行動にふみきったものであり、日教組の組織破かいにつながることから絶対に容認することはできません。

日教組は、これまでもすべての教職員の結集体として、産業別組織としての統一と団結をなによりもだいじにし、権力の攻撃に対して果敢にたたかいつづけてきました。したがって、党派性にたつことによる組織分裂につながる今日の誤った行動をただちに中止し、総結集することをかさねて呼びかけます（後略）。

（四）開催県に対する感謝決議

（梶村福岡県教組委員長）

昨年全国の皆さんに福岡に来ていただきました。福岡の会場は、残念ながらこんなに広くなくて、傍聴の方々に大変窮屈な思いをさせましたが、今年は鳥取県の松崎委員長・山田委員長を初め、三八〇〇の仲間の皆さんがこんな立派な体育館を、そしてゆっくりした座席で、本当に快適な環境の中で大会がもたれたことに心から感謝申し上げます。ただ、残念なことに、全国の仲間すべてが代議員として参加しなかったというのは本当に鳥取県の仲間の皆さん方に心苦しく思って、残念でなりません。

そして、この大会場を本当に快適につくっていただきましたと同時に、昼休みにありました貝殻節や笠踊りというのもいつまでも印象に残ると思います。また、街では甘海老や干しカレイ、お酒も大変おいしかった。そして街の人々も、本当に歓迎をしてくれました。シーズンが二〇世紀梨の時期でもありまして、ここで食べたら大変おいしかったので、私は県教組に残っている執行委員や書記の皆さんに早速大きな箱を送りました。電話がこちらに入りました。

「人間よりもお土産先に来たぞ。食べてしまっておいしかったから、もう一遍、帰るときには二〇世紀梨を下げてこい」ということでありました。

このような、本当に快い大会を、右翼の妨害をはねのけて措置していただきましたことに重ねてお礼を申し上げます。右翼は招かざる客と言いますけれども、それは私たちが「教え子を再び戦場に送るな」「憲法・教育基本法を順守する」、この旗があるから、彼らがやってくるんでしょう。とすれば、大きく胸を張って誇りにしたいと思います。

鳥取の皆さん方に、本当にご苦労に報いることは、私たちが、明日から、決まった方針に従って運動や実践を強化することであろうと思います。ぜひ頑張ろうではありませんか（後略）。

(三) 第72回定期大会　高知・高知――再建組織での新しい門出の大会

高知大会は、日教組の四〇〇〇日抗争の後、「再生と統一と団結」を誓いあった福島大会、反主流派＝共産党系教組の離脱があり、労戦統一の成功を決意した鳥取大会をうけての、各県の日教組再建組織最初の記念すべき大会である。

「参加・提言・改革」の新しいスローガンを決定した、希望に燃える大会でもあった。「板垣死すとも自由は死せず」の自由民権運動があった高知県で開催された。

神辺英保組織部長の開会宣言

日教組は、昨年の定期大会を境に、全教の分裂攻撃という組織結成以来の危機を乗り越えてたたかってまいりました。その結果、全国四七都道府県のすべてに今日、日教組の旗を立てることができました。今次定期大会は、このたたかいを振り返り九〇年度の運動方針を確立し、前進する日教組の姿を組織内外に示すことが求められています。

第一号議案では、組織整備（再建、結成）による加盟承認に関する件が取り上げられ、奈良教職員組合、島根県学校事務職員労働組合、日教組青森県高等学校教職員組合、静岡県高等学校ユニオンが、日教組加盟組織として確認された。

新加盟組織の代表からの決意表明として、奈良教組の田仲敦三委員長が挨拶した。

田仲敦三奈良教組委員長の挨拶

戦後、労働運動の悲願でありました官民統一の歴史的な流れの中で、全教は、統一と団結を破壊し、自ら孤立の道を選択しました。奈良県においても、三月三日、多くの組合員の反対と、統一と団結を求める行動を排除して、全教加盟を強行決定し、県民、父母、労働者、教職員の期待を大きく裏切り、官民統一の隊列から逃亡し、脱落しました。私たち奈良教組は、こうした党利党略の分裂主義者に怒りを持ち、日教組発祥の地、奈良において日教組の旗を守り、日教組六〇万の仲間と連帯し、四〇数年の輝かしい運動の継承発展をめざし、三月十日、組織再建を成功させました。

結成以来三か月半、現在、組織人員二五〇〇名に上り、すそ野を大きく広げつつ、奈良における民主教育の確立と教育労働運動の発展に大きな一歩を踏み出しました。子ども、教職員に対する攻撃が厳しければ厳しいほど、私たちは、自らの生活と権利、民主教育の守り手として、確信と展望に満ちた幅広い運動を作り上げたいと考えています。党利党略に利用する組合でなく、まさに組合員が主人公の組合づくり、子どもが主人公の学校づくりを主眼にした教組運動を構築します。

今、加盟承認いただきました私ども再建組織は、日教組に結集する多くの仲間の支援を受けながら激動する九〇年代の初頭に当たって、全組合員の英知と力を結集して前進する決意であります。力強い連帯をお願い申し上げ、再建組織を代表しての決意と挨拶に代えます。有難うございました。

日教組の福田忠義中央執行委員長の挨拶では、「参加・提言・改革」のスローガンについて、連合に参加した経験からの今までの振り返りと今後の展望として次の三つのことが挙げられた。

一つは、教職員の、父母、労働者に対して、対話が欠けていたこと。
二つは、教職員が、教育課題を背負いすぎていること。
三つは、父母、労働者が学校や教職員にもっと発言してほしいこと。

福田忠義日教組中央執行委員長の挨拶

私たちは、これらの諸運動課題にとりくむためにも、今日までの、対立、反対、阻止、粉砕、という姿勢のままでよいのかどうか、改めて見直しが必要だと思います。したがって、今後の日教組運動を推進する基本的な姿勢を「参加・提言・改革」に置くことを提言します。

そして、私たちの求める教育課題について、あらゆる場面で提言していくことが重要だと考えています。政府や文部省が設置する審議会や諮問委員会を見るとき、決定的に欠けているのは、学校現場や教職員、父母の意見や声が反映されていないところにあると思います。今後、私たちは、組織で徹底的な討議を通して、これらの審議会に積極的に参加し、制度や政策ができ上がる過程の中で意見を述べ、場合によっては、政策を立案し改革への道筋を明らかにすることが必要であると思います。（中略）

最後に、日教組の統一と団結を堅持し、組織防衛と組織の強化、拡大のとりくみを皆さんとともに進めてまいりたいと思います。そのため、「全教」による熾烈な組織分裂攻撃の本質を正しくとらえながら、日教組、教育労働戦線の母体として、すべての教職員の結集を図っていかなければなりません。いうまでもなく、組織強化、拡大の基本は、職場の民主化にあります。新採用教職員や未加入教職員の組合加入を促進するための世話役活動を重視してとりくみます。また、主任制度や新任者研修制度などの強化によって、職場にゆとりがなく、教職員の連帯は分断され、創造性のある教育実践ができにくい状況になっています。私たちは、このような状況を改善するために、諸権利を見直し、教職員集団の連帯を回復していく努力を一層続けていかなければなりません。

門田権四郎高知教組委員長の挨拶

一九四七年、戦争の悲惨さを身をもって体験した日本の教職員は、再び戦争を起こしてはならないと心に誓い、民主教育の確立をめざして日教組を結成しました。その定期大会が、一九五九年の第21回高知大会以来、実に三一年ぶりにこの高知で開催されることに感激いたしております。私たち日教組高知は、一昨年来の労働戦線の全的統一に向けたとりくみの中で、共産党系全教の県教組による組織破壊攻撃と全教に丸ごと県教組組合員を引き抜いていこうとする策謀に対し、彼らの独善的イデオロギーに騙されることなく、真に子どもに責任の持てる教職員集団としての県教組づくり、日教組の運動をこの高知で継承発展すべく、昨年十二月二十五日に日教組高知を再建いたしました。その再建組織に、本年三月の中旬、日教組本部より大会開催の要請を受け、率直に言いまして、まずもってまだ再建ほやほやの組織であるということと、本当に私たちの力量でできるだろうかという不安と戸惑いを感じました。しかし、それと同時に、私たち日教組高知にとっては、今までの県民意識の中に定着している「高知の教職員組合は共産党の先生たちの集まりだ」という悪い、そして暗いイメージを払拭し、高知にも、一人ひとりの子どもたちを大切にする教職員集団が、日教組高知として再建されたことを確認してもらう絶好の機会であり、一人ひとりの組合員にとっても組織拡大の大きなバネにできると確信し、今次72回定期大会を、ここ、高知でやってもらおうと決心いたしました。

さて、皆さんも今次大会は、各都道府県が組織問題を乗り越え、新たに日教組に結集する組織としてお互いに認識しあい、今までの総抵抗の運動でなく教育実態総合調査運動を通して、教師が「総学習・総要求・総行動」の運動を実践する中で自らを変革し、一人ひとりの子どもが学校の中で、人間として大切にされ生き生きと活動できるという主権者教育を、日教組が今回提起した「参加・提言・改革」という運動方針を今後どう具体化し、保護者、国民の皆さんに理解され支持される教育内容をどう創造していくかを討議する重要な大会であると理解しています。

日教組高知をはじめ再建組織の熱い思いが、今後の日教組の教育改革運動の前進を確信し、さらなる団結と統一が確認できる場となることを心より願っております。

山田精吾連合事務局長の挨拶

第72回日教組大会おめでとうございます。初めて連合として日教組大会にお伺いいたします。今、福田委員長のお話を聞いておりました。謙虚の中にも、今後、日教組の明るい展望を秘めた確信に満ちた挨拶をお聞きしました。また、当地の日教組高知の委員長からも、今、再建中で悩み苦しみ、明日に向けて一生懸命努力をしておられる姿やお話を拝聴させていただきました。お二人の話を聞きながら、連合の責任は極めて大きいなということを今率直に感じております。冒頭でありますけれども、日教組の皆さんとしっかり腕を組んで頑張りたいと思います。

昨年十一月二十一日に連合の統一大会を開きました。それまで、統一大会を中心にいたしまして、日教組は一体どうなるだろうかなと、随分心配いたしました。いろいろな機会に、福田委員長なり大場書記長とも何回となく話し合う場もありました。その中でも、今日、官公労を代表して見えておりますす自治労の高野委員長は、大変いろいろなことで心配もしておられ、いろいろなことで連携もやっておられました。外から言うことは簡単ですが、実はやっている当事者からすると、無我夢中、一生懸命に労働組合を愛し、労働運動を愛し、何とかしなくっちゃならんということに燃えてみんなとりくんでおりました。日教組の皆さんから、連合の進路、運動方針、規約を通じて、いろいろなご注文を受けました。できるだけ私どもはわかる立場で一生懸命耳も傾けできる範囲のことは全体が合意する中でまとめてきた気持ちであります。具体的な問題になりますとまだまだものたりない点もたくさんあるでしょうけれども、しかしやった当事者にしてみれば、全体の合意を整えるという立場に立って精いっぱいの努力をした気持ちであります。

90春季生活闘争は、言うまでもありませんが、賃上げ、時短、さらには制度政策の改善、三位一体のたたかいを官民で初めてやりました。内外から大変注目されました。官民が一体となって、どういう成果なり何が特徴にあるのかということも問われました。その結果は皆さんご承知のとおりです。きわめてまだ不十分ですが、精いっぱいやりました。二〇数年ぶりの海部総理との政労交渉もいろいろ段取りをする中で組み立てていきました。仲裁裁定も、人事院勧告も、今から勝負が残っております。連合は気を緩めずに、昨年とどこが変わったのか、そのことに心をかけながら努力をいたします。

組織率は年々落ち込んでおります。暗いところには人は振り向いてくれません。明るいところには人は集まります。今までの日本の労働運動は、どちらかというと、イメージは、ダサい、暗い、これが世間の見方でありました。まずは、こういうイメージについても大事にしながら、連合の運動なり日教組の運動を進めることが非常に大切ではないかということ、さらに見える運動、動く運動を心掛けましょう。

高野俊栄公務員共闘会議議長・自治労委員長の挨拶

まず冒頭に、日教組の皆さんが、公務員共闘会議に佐々野事務局次長を派遣していただくとともに、日頃の運動に全面的なご協力をいただいていることに、この場を借りてお礼を申し上げたいと思います。また、全国各地で自治労組織が兄弟組合として大変お世話になっていることにも感謝の気持ちをお伝えしたいと存じます。

さて、90春闘は、連合発足後初めての春闘として内外から注目を集めてたたかわれました。公務員共闘としては、賃金、時間短縮、権利を柱に公務員共闘の主体的なたたかいを強めるとともに、連合会長と海部首相との政労交渉の実現を要求し、その実現を最も重視をしてまいりました。八〇〇万人連合の官民統一の力を官公労働者のたたかいにも反映させることを追求いたしました。いろいろな紆余曲折はありましたけれども、連合加盟のすべての官公労働組合の要求の統一、共同行動などの統一歩調の機運も生まれました。その結果、二六年ぶりに春闘段階における政労トップ会談を実現することができました。福田委員長も同席されたわけですが、その中で海部総理から、「人勧完全実施は大切にする」との前向きの見解を引き出しましたし、労働組合の労働基本権問題では、労動大臣から「労働省を窓口に協議する」という姿勢も明らかにさせました。このような一定の成果をあげることができたのは、一九六〇年に、公務員共闘を結成をし、初めて給与担当大臣との交渉を実現して以来三〇年、公務員共闘が政府、人事院との交渉機能と共同闘争を蓄積してきた基盤の上に官民統一の効果が結合した結果であると思います。この今後のたたかいの足掛かりと糸口を踏まえて、人勧期から確定期、そして来春闘へとたたかいを継続・強化していかなければなりません。今後とも引き続き運動の強化にご協力をお願いしたいと思います（後略）。

この年は、日教組としては、初めての全同教からの挨拶をいただいており、寺澤亮一全国同和教育研究協議会委員長が挨拶されている。

寺澤亮一全国同和教育研究協議会委員長の挨拶

ご承知のように、戦後の民主教育は、多くの欠陥や弱点を持ちながらも、教育における人間の自由と平等、機会均等の権利の実現を追求してきました。その根底には、教育は国家のものではなく、また単純に親や子どもたちの私ごとにのみ属する問題でもなく、人類社会を担う次の世代を共同の事業として社会的に育てていく優れて公共的・社会的な営みとしてとらえる思想が存在していたわけであります。しかしながら臨教審路線のもとでの教育改革は、この教育の公共性、社会性を骨抜きにして、もっぱら教育の私事性という方向を促進し、教育の機会均等の原則を崩壊させようとしています。つまり、弱い立場、差別を受けている立場に置かれている子どもたちには最低限の教育保障はするけれども、それ以上は親と本人の甲斐性に任せるという、差別・選別の教育制度が、今、つくり出されようとしております。事実、大学や高等学校段階では既にこのような事態が生じてきており、経済的に恵まれた所得の多い家の子どもたちがいわゆる有名校、進学校を次第に占拠しつつあることでも明らかであります。

私たちが目指している教育改革は、教育の中にある差別的なものを取り除き、学校を地域、親と子どもたち、教職員の手によって改革していこうとする具体的な取り組みでありますが、日本においてはまだ、学校とは何か、教育とは何かが深く問われてきたとは言えない弱点があります。学校の仕組みは、依然としてコマ切れの膨大な知識を機械的に詰め込む工場のような現状があり、今日の教育荒廃と言われる現象の根底には、学校が人間が人間として生きていこうとすることを保障し得る教育内容を十分に創造し得ていないところに深刻な問題が生じてきていると言えます。

子どもたちが求めているものは、一人ひとりが認められる人間としてのぬくもりのある学校なのであります。私たちの課題は、子どもたちが自らを豊かに開花させることができる学校や教育をどのようにしたらつくり出せるかということにあります（中略）。

　昨年秋、国連において採択をされました「子どもの権利条約」は、子どもも権利を持つ主体であることを明確に掲げ、子どもたちが自らの生活に影響を及ぼす事がらについて、自分の考えを持ち、意見を表現し、行動をする権利を認め、子どもたちを真に主体者として認め、尊重していくことを強く求めています。

　今、私たちは、子どもや親たちに向かってどんな目を開いていくのかが問われているときと申せましょう。事実と実践こそが教育改革の力であります。全同教も日教組の皆さんと固く連帯をして、国民の教育要求に真に応える私たちの手の教育改革の実現のために、地域、父母と固く結びつき、一切の差別を許さず、人権と人間の尊厳が平和と民主主義の確立を目指す教育の実現を目指してその実践を強化してまいりたいと思います（後略）。

横山龍男高知市長の挨拶

　この大会が本市で開催されますのは、三一年ぶりの二回目でございます。しかも、労働界再編成という厳しい状況の中で開催されたこの大会は、まさに日教組創立以来歴史的なものであるということであり、深い感動を覚えるとともに、大きな期待を感じているところであります。四日間にわたるこの大会を成功のうちに終えられた後は、この南国高知の豊かな自然と情熱あふるる人情に触れていただき、大会の疲れを癒やしていただきますようにお願いしたいと思います。そして、土佐の歴史も探訪していただき、よき思い出としてお持ち帰りいただければ幸いでございます。

高知は、自由民権発祥の地ということを誇りにいたしております。市内のあちらこちらにその足跡を見ることができますが、私たちの先人の足跡を継承するために、本年四月に開館した自由民権記念館もぜひご覧をいただきたいと思います。終わりになりましたが、この大会開催にお骨折りをくださいました役員、関係者の皆様に心から敬意を表しますとともに、大会の成功をお祈りいたしましてご挨拶にいたします。どうもありがとうございました。

日教組の習わしとして、開催県への感謝は、前年度開催県から送られることになっていた。開催県である高知に対する感謝決議として、鳥取高教組の委員長が提案を行った。

山田篤鳥取高教組委員長の感謝決議

昨年度定期大会開催県、鳥取高教組の山田代議員であります。代議員席からではございますが、日教組第72回定期大会開催県、地元高知教職員組合に対し、代議員、傍聴者など、参加者全員を代表して、ここに、口頭ではありますが、感謝決議を提案するものであります。何はさておき、高知教職員組合、日教組高知の議長席におられる門田委員長並びに組合員の皆さん、大変ありがとうございました。また、連日、日教組に対するこの上ない友情と連帯のもとに、会場内外の諸任務についていただいて、大会成功のために絶大な協力をしていた県内労働者の皆さんをはじめ、当地場産センターの役職員の方々、高知市民、県民の温かいご理解とご支援に対し、心から感謝申し上げます。改めて満場の皆さんの大きな拍手で感謝の意を表明したいと思います（拍手）。

本会場のような公的施設で開催することは、近年ますます困難になっている現状のもとで、加えて再建組織結成に成功されたとはいえ、組織の拡大、強化に全力を傾注されている真っただ中にあって日教組大会を引き受けられた日教組高知の一大決意に対し、前年度開催県としてご苦労が痛いほどわかるだけに、心から最大級の敬意と感謝の意を表明するものであります。

明治維新という日本の大きな激動期に数々の英傑を輩出した土佐の国の風土と燃ゆる情熱を間違いなく日教組高知が継承しているとの確信を、満場のすべての参加者が持ったと思うのであります。「自由は土佐の山間より」といわれるように、土佐の自由民権運動は、近代日本の歴史に大きな役割を果たしました。その精神を受け継ぎ、日教組をこよなく愛する教職員を職場分会そして支部へと組織化を進めている日教組高知の皆さんが、日教組の旗のもと、一層統一と団結を強められ、限りなく前進を果たされるよう祈念し、同時に、日教組第72回高知大会における方針に基づく運動と実践を全国津々浦々から展開することによって日教組高知の皆さんのご苦労にこたえる決意を表明して、意を尽くしませんが、感謝決議案といたします。ありがとうございました。

(四) 第80回定期大会　東京・三宅坂（社文）

——旧文部省との和解と新しい運動ビジョン

東京・社会文化会館で一九九五年九月に行われた大会では、旧文部省との和解、新しい運動ビジョンがトピックとなった。

横山英一さんが委員長になられて、大内秀明先生を委員長に「21世紀ビジョン委員会」をつくり、新しい運動の提起をめざしていた。横山さんは新委員長としての「新しい運動」を提起したかったのだと思う。だから、書記の三浦孝啓さんといろいろ相談をしていた。これまでの日教組の運動方針とは、言葉遣いなどは変わっていたが、中身については一八〇度転換したというようなものではなかった。しかし、「和解文」や21世紀ビジョン委員会の提起などは新しかった。

横山委員長は、21世紀ビジョン委員会の人選のために、いろいろな人と会ったりしていた。委員会の人選は、その多くは三浦さんとの相談上の意見であった。当時の日本PTA会長との会談もそうであった。当時書記長だった畑さんと私が「動かなかった」との意見もあるが、人選がなかなか難しく進まなかったことと、委員会の構成に執行部や県代表を入れるかなど、畑さんや私と話したり党員協の代表と話したりと、横山委員長は多忙であった。

それまでの委員会は委員が主で、執行部はオブザーバー的な役割が多かった。委員会の委員長には教育関係の研究者があたることが多く、委員もそうであった。この委員会に各ブロック代表が入ることになり、執行部も責任を持つべきだという流れになった。畑さんが書記長だったので、委員会の事務局長にならざるを得なかった。私もそうであったが、私は国会対策委員会もやっていたので役割が多く、結果として副委員長の西澤清さんに事務局長をやってもらった。また、運動方針については、神奈川の大会（一九八一）で「総学習・総要求・総行動」、高知の大会（一九九〇）で「参加・提言・改革」と決めているので、根本的な改変にはならなかった。主としてタイトルを変えたのが多かった。二一～三年でスローガンや運動方針をまた変えるのはどうか、との意見もあり、スローガンに「参加・提言・改革」がそのまま残った。このスローガンは、連合の各組合にも受け入れられるものであった。

21世紀ビジョン委員会は、当初はこれまでの運動を総括することになっていたが、これには膨大な勢力と判断に賛否が伴うことが予想されるなど、まとめに時間がかかることが予想された。たとえば、六〇年代の学テ闘争は、「反省すべきであった」とするか、「正しかった」とするか、七四年の一日ストはどう判断するのかなど、総括には多大な時間と問題が伴いそうであった。そこに文部省との「和解」の話が出てきたことで、総括は取りやめになったのである。

この大会は、「文部省との和解　日教組の路線転換」ということで、大会前からマスコミも報道していたので、それぞれの挨拶にもふれられていた。

(一) 大会での各挨拶

山今彰(広島)議事運営委員長の挨拶(要旨)

今定期大会は、日教組の路線転換の是非を問う、極めて重大な任務を負っています。教育改革に対する社会的合意を図るため、重大の課題と銘打って開催される大会であります。

藤本輝美（熊本）議長の挨拶（要旨）

一九四七年に結成されました私たちの日教組も、二年後には五〇周年を迎えようとしています。私たちのこれまでの歩みは、平和を重視し、憲法、教育基本法に基づく民主教育を全国の学校に確立してきた営みでありました。半世紀にわたる運動のプロセスには、教育反動化と体を張った戦いや、地域、保護者と提携してとりくんだ高校全入運動、そして二〇年のとりくみの末やっと実を結んだ学校五日制運動など、具体的な成果を収めながらも、現実の学校では、いじめを原因とする子どもたちの自殺などが後を絶ちません。数日前に報道されました女子高校生の自殺のニュースには、教職員として言葉を失ってしまいます。

横山英一中央執行委員長の挨拶（要旨）

今年は、敗戦、被爆五〇年の年に当たります。この歴史の節目の年に当たり、二十一世紀に生きる子どもたちのために、どのような社会を用意し、どのような教育を用意するかは、現代に生きる私たち大人の基本的な責務と考えます。

日教組が掲げてきた、「教え子を再び戦場に送るな」や、平和・人権・環境・民主主義の重要性は、ますますその価値を高め、また、地球的課題となっているということであります。日教組の結成綱領は、「われらは平和と自由を愛する民主国家建設のために団結する」と宣言しています。この精神を堅持し、日教組は教育インターナショナルに結集する日本唯一の教職員組合として、戦争と紛争の根源である飢餓や貧困、南北問題、そして教育の格差の解消、また、武力によらない新たな世界秩序の創出のために、世界の教職員とともに力を合わせてまいりたいと思います。

敗戦五〇年のこの年、日本の社会の安全神話を崩壊させるような出来事が相次いで起こりました。一月の阪神・淡路大震災、オウム真理教により引き起こされた一連の事件、そして教育の場では、いじめによる子どもの自殺が後を絶たないばかりか、登校を拒否する子どもたちが七万人、中途退学者が九万人を超えております。これらの出来事もまた、戦後五〇年の日本の社会と日本の教育のあり方を見直すことを私たちに求めているのではないでしょうか。

と同時に、いじめなどで自らの命を絶つという痛ましい出来事をこれ以上起こさないとの決意のもとに、一九九五年を教育再生の始まりの第一歩にしたいと考えております。この80回定期大会に、今年度から、二〇〇〇年度を見越した新たな中期方針を提起しております。この新方針が提起しているのは、教育を福祉と並ぶ社会の中心目標に据えるということであります。一九九〇年の高知大会で採択した「参加・提言・改革」の運動路線を実質化し、教育改革に関する社会的な合意をつくり上げることであります。

第一に私が申し上げたいことは、日教組結成の原点に立ち帰り、教育界の対立を解いて、子どもを中心に据えた教育改革を本格的に進めていこうということであります。日教組は、先ほどからお話がありますように、再来年、一九九七年六月に結成五〇周年を迎えることになります。結成綱領は、次のように日教組運動の方向性をうたっております。

「われらは、重大なる職責を全うするため、経済的、社会的、政治的地位を確立する」

「われらは、教育の民主化と研究の自由の獲得に邁進する」

「われらは、平和と自由を愛する民主国家の建設のために団結する」

敗戦後の社会、経済の混乱の中で、私たちの先輩は、教職員の地位の確立、民主教育の発展、そして民主的な社会の建設を高らかに宣言したのであります。着目すべきことは、その目的が「重大な職責」、すなわち、未来を育む教育者としての役割と責務を明確に意識し、日教組を結成したことではないでしょうか。教育の復興は、民主的な日本社会建設の希望であったといえましょう。

新しい教育方針が定められ、国家による統制ではなく、地方の教育づくりや、さまざまな試みが奨励され、この時代の精神は教育の再生を必要としている今日にこそ生かされなければならないと私は考えております。

その後、東西冷戦の中で、アメリカの対日占領政策が変更され、以来、教育の世界にも厳しい対立が続いてきたことは皆さんご承知のとおりであります。教科書の問題や、特設道徳の導入など、イデオロギー対立が前面に出てまいりました。また、戦後経済の復興ともかかわって、教育が経済成長の手段とも化してまいります。均一で安価な労働力を大量に求める施策は、やがて入学競争を激化させ、「偏差値」という教育界独特の物差しを誕生させるに至りました。

日教組はこの間、政府の政策に対して、反対・抵抗する立場をとり、財界などの人づくり政策にも厳しい批判を加えてまいりました。統制には自由を対置し、多様化には共通教養の必要性を対置して、抵抗と反対闘争を推し進めたのであります。

対立と抗争の中で得たものは何でありましょうか。確かに私たちは教育の分野において、平和・人権・環境・共生など、地球的な課題に応える教育理論と方法を生み出してまいりましたし、また一方、労働条件整備にも力を注ぎ、産休代替法や育児休業法など、女性の権利確立を初め、さまざまな実績を上げてまいりました。これらは日教組運動の輝かしい一面であります。

では、失ったものは何でありましょうか。教育の場における激しい対立は、学校という教職員組織への分断を招き、教職員の自主性、創造性や意欲を喪失させたのではないでしょうか。総じて学校が活性化せず、教育界が重苦しい停滞を重ねているのもまた、対立と抗争の構造に起因していると考えられます。

もっと言えば、日々、子どもたちと向き合い、子どもたちのために悪戦苦闘している教職員の願いが、行政に反映されなかったともいえるのではないかと思います。日教組への結集力が弱まっているのも、こうしたことと無関係ではあり得ません。

特徴的なのが、文部省の所管予算の低下であります。かつて一〇%を超えていた文部省予算は、九五年度も七%台にとどまっております。財源が確保されないということでは、教育改革の前進も期待できません。また、「教育は国家百年の計」だとの声は聞こえても、それを推し進める勢力が育ってこないのは、教育が社会の中心目標に育っていないことを明らかにしています。と同時に、日本の教育界が、子どもを中心にして手を取り合うことがなかったというこれまでの歴史の象徴でもあります。

また、これ以上いじめによる自殺を起こさないためにも、すべての教職員の協力と共同は不可欠であります。この立場から、すべての教育団体に対し、子どもを中心とした共同討議のための共通のテーブルに着くことを呼びかけるものであります。

他方で、教職員と保護者が互いに手を携えることは、問題解決のための第一歩であります。こうした立場から、日教組は、関係改善を進めてまいりました日本ＰＴＡ全国協議会との提携関係を一層発展させ、共同調査、共同討議、共同行動へと高めていくことを提案するものであります。

すべての教職員に訴えます。過日、体罰によって女子高校生が死亡するという痛ましい事件が起きました。教育に体罰は絶対にあってはならないものであります。体罰は自らの教育を否定するものであり、教育実践の敗北をも意味するものであるからです。教職員の子ども観や意識変革を進め、体罰の根絶に取り組もうではありませんか。そのため日教組も、各県とともに手を携えてこの運動に立ち上がることを提起するものであります。

第二に、私たち自身が、時代の状況をしっかりと読み取り、二十一世紀に向かい、目指す社会、目指す教育について、社会的な合意形成を図っていこうということです。

第三に、教育改革についての道筋を明確に定める必要性があるということです。

第四に、力と政策を背景に、日教組の交渉力と協議権の確立をめざそうということであります。

第五に、組織拡大と教育複合産別の構想を提起します。

芦田甚之助連合会長の挨拶（要旨）

先般、日教組の21世紀ビジョン委員会の最終報告が出ました。私も深い共感をもって拝読いたしました。この21世紀ビジョン委員会の報告をベースに具体化したものが運動方針であると思っております。この運動方針を本大会で、建設的議論の中から、歴史を画する運動方針を決定し、第80回定期大会、新生日教組として国民的な支持と共感を得ていただきたいと思うのであります。それが六〇万日教組への道であり、教育複合産別への第一歩であると思うのです。

志摩龍雄公務員共闘議長の挨拶（要旨）

これからの労働運動というのは、単に抵抗や反対ということだけでなくて、参加・提言・改革の精神にのっとって、政策的な課題が決定する以前に、労働組合はそこに参画して自分たちの要求をどう実現させていくか、そういう運動路線を追求したいということであります。日教組も労働組合として、対等な立場で文部省や職場の中における交渉権をどう確立するかが大事だと思います。

薄田泰元日本ＰＴＡ全国協議会会長の挨拶（要旨）

九五年度の運動方針の中には、私たちＰＴＡと考えを一にするところが多々あります。ＰＴＡは、ＰとＴが共に手を取り合って、子どもたちの健全育成を願って行動しております。未来を拓く子どもたちのために、今大会が実り多い成果を収められ、歴史的な大会となることを祈念する次第であります。

本定期大会では、全政党に対して案内を出した（共産党は除く。新進党は不参加だった）。その結果、初めて自由民主党代表が出席し、挨拶することになった。

山口鶴男日政連会長（要旨）

本日の大会は極めて歴史的な大会と存じます。この歴史的な大会を、皆さん方のご議論によって立派な成果を上げていただき、私ども日政連議員、皆様と固く団結して、皆様方の大会決定、皆様方の諸要求、これを実現するために力を尽くすことをお誓いいたし、大会の成功を心からお祈り申し上げます。

久保亘日本社会党書記長の挨拶（要旨）

この第80回定期大会は、新しい世紀に向けて、日教組の運動方針をご討議いただくとうけたまわっております。是非、国民の期待に応える優れた結論を出すべく、皆さんの熱心な討議が行われることを期待します。また、与党協力して、村山政権の下でさらに、文教政策予算の充実を図っていきたい、努力をしていきたいと考えています。

石橋一弥自由民主党文教制度調査会長の挨拶（全文）

第80回定期大会が盛大に開催されますことをまず心からお喜び申し上げます。貴組合が、昭和二十二年に結成されて以来、我が自由民主党が日教組大会にお招きを受けることは初めてであります。私といたしましても光栄であります。自民党文教制度調査会長の、先ほどご紹介いただきました石橋一弥であります。千葉県選出でございます。一九八九年十二月、マルタ島におけるブッシュ大統領とゴルバチョフ書記長との会談により、世界は自由主義、民主主義の考え方が大きなうねりとなり、そして日本国も変わったわけであります。

さて、今学校では、いじめや登校拒否などの問題、また一方、子どもたちの多様な能力と個性とを伸ばし、生き生きとした学校づくりも課題であります。二十一世紀を間近にして情操豊かでたくましい子どもたちの育成は、国民すべての願いであります。そのためには子どもたちや学校を取り巻くあらゆる関係者が、対立を解消し、協調・協力していくことが大切なことであり、わが自由民主党としましても、文教部会、文教制度調査会が中心に、貴組合と定期的に懇談し、建設的な議論を積み重ねてきたところであります。

同時に、貴組合と文部省との間の橋渡しも行っております。日教組が平成二年に「参加・提言・改革」へと方針を決定されたことは、画期的であり、高く評価するところであります。願わくばこの決定が各都道府県組合におかれましても実現されますよう、期待するものでありま す。

教育は国の大本です。世界から信頼される人づくりのために、教育現場の皆様と相提携しながら前進してまいりたいと存じます。組合員各位の一層のご健闘をお祈り申し上げますとともに、本大会が成功されますことを心から祈念申し上げまして祝辞といたします。

(二) 国際組織からの挨拶

海外からの来賓もあり、マレーシアからＥＩアジア太平洋地域のチーフコーディネーターのグラナム・シンさん、フランスからＦＥＮの国際人権担当部長ジャン・ピエール・バランタインさん、インドからインド最大のＡＩＦＴＯ書記長マチャンダさんから挨拶を受けた。

グラナム・シン　ＥＩアジア太平洋地域チーフコーディネーターの挨拶（要旨）

六週間前、ジンバブエのハラーレ市で開催されたＥＩ第一回世界総会へ、地球上の四つの地域から代議員が集い、ＥＩの目的と教育内容、教育行政、さらに教員の役割について話し合いました。私たちは、教職と労働組合問題について協議をし、最終的な目標とその到達方法をより明らかにし、かつ意見をたたかわせることで、直面する課題の解決へ斬新なヒントを生み出そうと試みました。

二つの世界組織、ＷＣＯＴＰとＩＦＦＴＵが統合され、新しい世界組織ＥＩが創設されました。ＥＩの誕生にはさまざまな困難を伴うだろうと言われましたが、これらの懸念はやがてその影をひそめて、お互いによい関係が築き上げられました。これは、不屈の事務局長フレッド・バン・リューエンがきめこまやかな仕事をこなしたこと、さらに、メアリー・フットレル会長、ローレンシヤ副会長、そしてＥＩアジア太平洋地域議長の渡久山さんが、知恵と忍耐力を提供してくださったおかげです。そしてこれには日教組のようなＥＩ加盟組織からの力強い支援も多大に貢献していただきました。

この大会で皆さんは幾つかの課題について協議をされることでしょう。その中には日教組と政府との新しい関係の確立があると理解しています。私の意見では、日教組と政府との対話と協力は、望ましいというよりも必要なものです。価値ある協力関係を維持するためには、教職員組合と政府双方が変わらなくてはならないのです。そして、教職員組合は自らが政府への影響力を持っていても、私たちは政府ではないのだということにまず気づかねばならないのです。教職者たちは、公的な問題を解決することはできません。ただ、アドバイスをするだけなのです。むしろ教職者たちは、自分たちが政府と対等な関係で付き合うに至る知識と経験を持ち、かつ責任を持って行動をアピールするべきです。これなくしては意義ある対話は不可能なのです。

数日前、五五〇〇万人もの人命を失った第二次世界大戦の五〇周年を迎えました。ＥＩは核軍拡終結を目指す世界的世論を全面的に支援します。ＥＩは中国とフランスに対し核実験再開に反対する意思を表明しています。国家が自らを、そして人類を滅ぼしてしまう前に、核軍備競争をやめるよう呼びかけましょう。

（三）運動方針の提案

挨拶の後、森岡副委員長から運動方針の提案があった。九五年度の運動方針は、政策決定に関与することを重視して策定されている旨を述べ、内容的な特徴として次の三つを挙げた。

一番目、「21世紀ビジョン委員会」報告を最大限に生かす方向でこの議案書を作ったこと。

二番目、そのために、日教組は力と政策を持つ団体であるということを強調したこと。この運動方針のもとに、二つの推進本部「教育改革推進本部」「複合産別推進本部」を書記局内に設置すること。

三番目、二十一世紀へ向けて、五年前の高知大会で提起した「参加・提言・改革」をさらに実質化し、確定させるものという位置づけをしたこと。

教育改革推進の方針については、次の五つを挙げた。

一、教育を福祉と並ぶ中心的な社会の目標にすること。

二、そのために、内閣総理大臣のもとに、政府機関として「21世紀教育会議」〈仮称〉などの設置を求めること。中教審など教育関係審議会を格別に重視してとりくむこと。

三、教育改革を進めるためには、国民的な合意が不可欠なことから、教育界のみならず経済界その他の団体などとの合意形成に努力すること。
四、政党との政策協議を重視すること。
五、教育改革を行っていくためには、教育界の対立を解消していくことが非常に重要であること。
また、この大会で初めて、男女平等政策が独立したものとして提起された。

提案の後、賛成、反対などの討論が活発に行われた。

最終的には本部原案が賛成可決され、反対の宮城県教組、賛成の三重県教組が総括討論に立った。

●総括討論（要旨・抜粋）

富樫昌良（宮城）＝反対

委員長は「日教組結成の原点に立ち帰り、教育界の対立を解いて、子どもを中心に据えた教育改革を」と訴え、日教組綱領に触れました。しかし、原点に立つというのであれば、パートナーとする文部省の側にも原点に戻るように求めなければ対等の関係とは言えません。日教組が結成され、綱領がつくられたころ、文部省もまた、戦後の民主教育の始まりに当たって、新教育指針という文書を発表しました。そこでは、「政党の争いが激しくなって、教師がそのための道具に使われるようになると、国民全体を公平に取り扱うべき教育の仕事が歪められ、また、教師が常に政党の勢力によって動かされるおそれがある。もし、政党から不当な圧迫があって、教育の方向が歪められたり、教師の身分が不安定になったりするおそれがあったときは、教員組合はその団結の力をもって、教育の正しいあり方と、教師の身分の安定を保障しなければならない」、こう述べているのであります。文部省もこのような原点を持っていたのです。

西地保宏（三重）＝賛成

日教組は長年にわたる文部省との対立関係に悪戦苦闘を強いられてきました。日教組運動の歴史の大半は、文部省とのたたかいに費やされてきたといっても過言ではありません。そのたたかいの経過の中で、組織率が年々低下してきた現状を見れば、表面的には、執行部原案は文部省の権力の前に屈服しているように見えるのかもしれません。しかし、新たな時代、新たな情勢を迎えて、教育という仕事の原点を踏まえ、新たな運動路線を確立するため、新たな一歩を踏み出そうとしているのだと受け止めています。したがって、日の丸・君が代の問題や、主任制、学習指導要領など、個々の問題として考えるのではなく、学校教育と子ども、教職員の現状をどうとらえ、今後の日教組運動のあり方をどう考えるのかという問題としてとらえるべきだと思います。

いじめによる自殺の続発は、自殺とはいうものの、それは間接的他殺であり、事実、そのような趣旨の遺書を残して自らの命を絶った生徒もいました。ついに学校で間接的殺人が行われるという事態にまでなってしまったというのが、極めて残念なことながら、日本の学校教育の現状です。このような教育荒廃の深刻化と歩調を合わせるように日教組の組織率が低下してきているという事実があります。私たちは従来から、教育荒廃に対する取り組みを展開してきたはずです。しかし、果たして本当に日教組がこの問題に真剣に取り組んできたのかどうか、厳しく自らを問い直す必要があると思います。このことは、日教組との対立抗争に明け暮れてきたといわれる文部省に対しても言えることです。今日の学校教育の状況を考えれば、文部省が勝ったとか日教組がどうとか、そういう問題でないことは明らかです。教育現場に対して大きな影響力を持っている文部省と日教組が、この深刻な学校教育の荒廃、教育の危機という現実をよそにして対立抗争を繰り返しているとすれば、教育関係者はもちろん直接子どもたちに接している教職員にとっても、多くの国民にとっても、これだけ腹立たしいことはないはずであります。文部省と日教組の勝ち負けの問題ではなくて、その対立関係そのものが教育荒廃という現実によって否定されていると考えるのが当然ではないかと思われます。

問題は、この学校教育と子どもの現状に対して、誰が責任を負って、誰が中心になって取り組むべきなのかという問題です。もしこれを対立関係だけで考えるならば、それは明らかに文部省の責任です。文部省は日本の学校教育のあり方に基本的な責任があることはもちろんですし、今まで産業界の要請に応えるだけの施策を重ねて、今日の惨状を招いたことも事実だと思います。したがって、学校教育と子どもの現状、教職員の現状は、すべて文部省の責任であり、私たちは常に被害者であり、犠牲者の立場に置かれてきたということになります。

しかし、それは問題の一側面であり、決してすべてではありません。自殺していった子どもに対して「君が死を選ばざるを得なかったのは文部省の責任なんだ」と言うだけで済むはずがないことも言うまでもないことです。学校は最も安心できる場所であるべきであり、正義がその中で行われるべきなのに、それが逆になってしまったことも、その学校の教職員としては、誰の責任だといえるのでしょうか。同じように受験戦争や部活の過熱についても、それは文部省の責任であると同時に、私たち教職員がそれに手を貸してしまっているという側面も否定できません。一人ひとりの教職員は、決して文部省との対立関係の中だけで行動しているわけではありません。学校教育の当事者であろうとすれば、私たちは被害者的側面だけを強調するのではなく、時には加害者になってしまうこともあり得るという自覚が必要です。それが個人であれ組織であれ、教育に責任を負う当事者としての当然の前提条件だと思います。だから、良心的な教師は、それを自覚して、常に自分の教育実践を振り返り、研修を深め、努力を重ねます。それが教育の当事者としての当然あるべき姿だと思います。

被害者意識を強調することは、責任を回避することであり、そこに期待が集まるはずもありません。行政当局の責任追及に終始することは、行政当局しか事態を解決することができないということを宣伝するようなものであり、自らの無力をさらけだすという結果になることもあります。自らの責任を謙虚に認めて、できる限りの努力をするところに期待と支持が集まり、それが社会的影響力の基盤となります。

日教組は最近になってＰＴＡや文部省とも話し合うようになってきたとはいうものの、残念ながら、現在学校教育がこれだけの状況になっているのに、日教組はまだあまり期待されていないようであります。日教組がこのままでよいはずはありません。日教組は文部省との対立関係の中で悪戦苦闘を重ねてきたとはいいますが、学校教育と子どものこの悲惨な現状の中で、あくまでも真正面から教育に取り組んでくれている一人ひとりの教職員の実践こそが、まさしく悪戦苦闘なのだと思います。それを、それぞれが孤立し、分散した空しい努力に終わらせない責任が日教組にはあると思います。

（四）第80回定期大会の意義と運動の方針

「21世紀ビジョン委員会」の報告を運動方針にどう生かすか、突然の文部省との「和解」の提案にどう対処するか、が大きな課題であった。

経過的に説明すると、神奈川定期大会で「総学習・総要求・総行動」（田中一郎委員長代行）のスローガンを提起し、教育運動を運動方針の初めに持ってきて、今までの「総学習、総抵抗」から変え、高知定期大会では、「参加・提言・改革」（福田忠義委員長）の基本的な考え方を提起した。

当時は、労働戦線の統一の課題が話題になっていて、日教組は、ナショナルセンター「連合」へ加盟の方向となったので、今までの運動を変えたいと考えていた。新しい労働運動の流れの一環であったと思う。

横山英一委員長になって、彼も運動方針を変えたいとして「21世紀ビジョン委員会」を立ち上げた。大内秀明先生を委員長にして、連合の高木剛さん、島根県立大の井上定彦先生、専修大の嶺井正也先生などで組織された。日教組のこのような組織は、委員長を教育学者にして、メンバーも教育学者が主であった。日教組はオブザーバー的な要員であったが、この委員会には畑書記長に加え、日教組の各ブロックからの代表も参加した。これは、この委員会の提案には、日教組全体の責任で運動を進めたいとの横山委員長の意思があったからである。

この委員会設置の目標は、一つは日教組運動の歴史的総括を行い、二十一世紀の教職員組合運動のあり方を展望することであった。二つ目は国際情勢の変化、政治、経済、社会、文化の構造的変化に対応した教育のあり方と、新たな教職員組合運動の課題、労働運動総体の中での教職員組合に求められている固有の労働課題を明らかにすることであった。また、政治的な左派や右派ということもなく、全体として運動を進めたいとの意思もあった。

この委員会ができて間もなくして、「自、社、さ」政権となり、日本社会党の村山富市委員長が総理大臣になり、自民党の与謝野馨文部大臣が誕生した。後で聞いたことだが、文部大臣に横山委員長が呼ばれ、「和解の話」があったようである。

横山委員長から、「少し付き合ってくれないか」と誘われて、書記長としてとあるホテルの部屋に連れて行かれた。そこで、自民党の森喜朗幹事長と、社会党の久保亘書記長に会った。軽い会釈をして、横山さんと森さんが何か話をしていたが、一時間も経たないうちに、さあ帰りましょうとなって私たちは部屋を出た。そこに与謝野文部大臣がいたかどうかは正直覚えていない。「あとは文部省との話になる」と横山委員長は話していた。私としては、和解の話ではないかと薄々気づいてはいた。

数日後、委員長から「行こう」との一言で一緒に出掛けた。事前に、日程についてだけは知らされていた。あるホテルの会議室に着くと、そこには文部省の事務次官経験者など数人がすでに座っていた。

その中に坂元さんがいて、坂元さんは前に福岡県の教育長をされており、その時に、横山さんは福岡県教組の青年部長であったから、二人はその後も東京で会っていたようで親しかった。その日の会議は教育全般、子どもたちのいじめや自殺、不登校のことや日教組の運動や運動方針のことなどで二時間程度話して、次回はそれらを整理してきて話しましょうということで解散した。

その次の回では、文部省側はこれまでの運動方針の関心のあるところや変えてほしい箇所などのメモを持ってきて、そこには数項目が列記されていた。横山さんも数項目のメモを出したが、ダブりがあったりもした。考えが同じで表現の違うところは調整して、結果的にいわゆる「五項目」(日の丸・君が代、学習指導要領、初任者研修、職員会議、主任制)が残った。これらの項の表現については、横山さんは粘り強く意見を言っていた。私は、横山さんから意見や同意を求められたときに発言した。

最終合意を得るには、日教組としては、すでに運動方針小委員会が発足し、ビジョン委員会の最終報告も出ていたので、第80回定期大会の運動方針の成案を経なければならず急いでいた。同時に、文部省と合意したとしたら、その案を各県に賛成してもらうことが必要だから、その対策もしなければならない。これについては委員長が頑張っていた。特に説明やニュアンスが違えば誤解を生むから、と委員長は話していた。

結果として、運動方針小委員会を延ばしつつも、文部省との合意を得ることができた。

合意を得た五項目はそれぞれの課題のところに書くことになったが、「日の丸・君が代」は、「七五年見解」を変えないことで、直接それについて記述することをやめ、「子どもを主体とした行事の創造」などとした。それまでは、「君が代」については「強く反対」、「日の丸」については「強制することには反対する」と記されていた。

学習指導要領については、抜本的見直しを要求していたところを、「教育課程編成の大綱的基準」とした。

初任者研修については形がい化をすすめていたところを、「研修の成果が学校教育に生かされるよう、教職員の意向の反映に努める」とした。

職員会議については「校長を中心にすべての教職員が教育課題を共有し」「活性化をはかる」とした。

主任制については、主任制による分断を許さないとしていたところを、「制度化されて二〇年を経過している。今後は、手当のあり方を含め教職員の待遇改善の検討を求めるとともに、より活気ある、調和のとれた学校運営をめざす必要がある」とした。

後で聞いたことだが、当時、村山富市総理は、「文部省と日教組の和解」「消防職員の団結権」「国鉄・国労の課題解決」の三つをやりとげたいと思っていたようである。

21世紀ビジョン委員会委員一覧

座長・	大内　秀明	東北大学名誉教授、東北科学技術短期大学学長
	井上　定彦	連合総合生活開発研究所・副所長
	小澤　雅子	東京工業大学助教授
	川西　玲子	社会・生活システム研究会主宰
	清原　正義	姫路工業大学教授
	高木　　剛	ゼンセン同盟書記長
	増田　祐司	東京大学教授
	嶺井　正也	専修大学教授
	山内　亮史	旭川大学教授
	若月　雅裕	北海道教職員組合委員長
	村上　　熙	岩手県教職員組合書記長
	伊藤　正則	静岡県教職員組合委員長
	福田　孝二	石川県教職員組合委員長
	菱田　　元	愛知県教員組合副委員長
	石井　亮一	兵庫県教職員組合委員長
	鳥越　八郎	岡山県教職員組合委員長
	細川　英輔	高知教職員組合教育文化部長
	中村　元気	福岡県教職員組合書記長
	丹光　節子	広島県教職員組合副委員長
	早川　芳夫	高校教育部常任委員
	城生　親二	日本私立学校教職員組合副委員長
	西澤　　清	日本教職員組合中央執行副委員長
	渡久山長輝	日本教職員組合書記長

(五)　文部省との「和解」後の若干の経過の視点

①改善されたもの
②改善中のもの
③課題として、今後、要求、要請のもの
④その他（政治的なもの、財政的なもの、など）

第六章　各県教組・高教組との思い出の数々

（一）北海道教職員組合との交流

北教組の教研で、沖縄の問題が取り上げられることになり、それに参加したことが初めての北海道行きであった。札幌の温泉地、定山渓での集会が済んだあと、多数の組合員との夕食、交流会は楽しかった。翌朝、散歩していたら山の入口に獅子頭の像があった。平たくて沖縄の獅子に似ていたので、とても印象に残った。話によると、岡山の僧侶が修養のために入山したことと関係があるらしいと聞いた。

北海道で行われた別の集会に出た夕食後、大浴場の湯舟の中、当時の大野真司委員長と山田総務部長、私の三人で会話した。私が、委員長に「各県から日教組の役員に出すのは、二～三流の教職員ですか」と聞いた。大野委員長はその時には返事をされなかった。翌朝、委員長室で帰りの挨拶をしてきたが、日教組本部で大場さんが言うには、その朝の朝礼（北教組では毎日やっていた。日教組で、大場さんが書記長になってやったら、学校みたいだとの評価であったが、意義があると思われた）で「そのようなことを言うものではない」と大野委員長から言われたという。そのことは、いまだに課題になっている。

ある時は、大場さんに、スキーを教えるからとスキー場に連れていかれ、スキーのはき方を教えてくれた彼はすいすいと滑っていたが、私は立つと同時にスキーだけが一人で一〇メートルほど滑って行った。あれからスキーははいたことがない。そのことを書記局で話すと、福島出身の、女性部長の池田芳江さんはうまいらしいとのことであった。土地柄である。

池端清一衆議院議員の選挙で、室蘭に行った時のことである。その時の室蘭の支部長は、木下保彦さんであった。その後、日高に行くことになった。木下さんが「日高では、ハイセイコーが見られますよ」と言われたので、私は、「ハイセイコー、とは何ですか」と聞いたら「知らないですか、あの有名な競走馬ですよ」と言われた。「日教組の中執は、ハイセイコーも知らないのか。このあたりでは知らない人はいない。競馬に関心がないともいえるが、それだけ日教組運動に力を入れているともいえる。感心だ」とも。日高は、有名な競走馬の生産地であるゆえの話だ（熊本に行った折に、熊本では馬刺しを毎日食べているとも、馬刺し用の馬を飼っているとも聞いた。委員長の上村文男さんと、書記長の葉室正信さんとで、マグロのトロのような刺しは、よそでは食べられないと委員長は言われていた。これも土地柄であろう）。
選挙が済んで、東京の書記局に帰ってから数日後、木下さんはその後、室蘭市場からサケを送ってくれた。市場ではそんなに大きいとは思えなかったが、川崎の自宅では、台所の流しいっぱいの大きさであった。沖縄出身の連れ合いは、「これどうするの」と言っていた。イクラがそれこそいくらも採れた。

兼古哲郎さんが委員長だった時に、大倉山のハイジャンプ場を見せてもらったことがある。こんなに高いところから飛ぶのかと、思わず足がすくむ思いがした。それこそ高かった。

札幌といえば、すすきのを忘れてはいけない。ラーメン横丁では、一軒の店に二～三重に人が並んでいたが、その隣は閑散としていた。当時の若月雅裕書記長と、冬の寒い日に着物の襟をマフラーで縛りつつ長いこと並んだ。

狸小路には、「カムイワッカ＝神の水」というアイヌの居酒屋があった。三次会として一人でよく入ったが、北海道では内地人をシャモと言う。沖縄で言えば、シャモ＝やまとんちゅ、沖縄人＝アイヌと同じであると思った。

私が北海道によく行くことができたのは、日教組で同期だった北教組出身の大場昭寿さん（元札幌市教組委員長）がいたからだと思う。感謝に堪えない。

（二）岩手県教職員組合、岩手県高等学校教職員組合との交流

岩手県の教育会館は大きなホールを持ち、五階建ての立派なものであった。書記局は三階にあり、右手のほうに委員長室があった。私は初めの頃は委員長室に入れてもらえず、担当役員の机のそばでうろちょろしていた。

私が初めて岩教組に行った時は、委員長が阿部忠さん、書記長が小原惇さんの頃であった。数年後、関正昭副委員長の時に、初めて委員長室に入れてもらった、委員長室は、総ガラス張りで外に突き出ており、下には道路が走っていた。左側には、盛岡城の石垣の一部が見えていて、美しい景観であった。いつかあの城に行きたいと常々考えていたが、その機会を得て、会館から左手に回って城にのぼったことがある。城は天守閣はなく、木々がまばらに茂っていた。委員長室の見えるところにはベンチがあり、ひと休みすることができた。美しい眺めの中に、石川啄木の歌碑があった。

「不来方の　お城の草に　寝ころびて　空に吸はれし　十五の心」

啄木の気持ちになろうと私も草に寝転んでみたが、当時四十五歳の心では、何も感じられなかった。

※盛岡城（別名　不来方城＝盛岡城の前身の別城の名）
三階天守　築城主　南部信直
※石川啄木（盛岡出身歌人　新詩社同人）
二十四才の時、歌集『一握の砂』刊行。次の歌が載っている。
ふるさとの山に向かひて　言ふことなし　ふるさとの山はありがたきかな
はたらけど　はたらけど　猶　わが生活（くらし）楽にならざり　ぢっと手を見る

主任制度化反対の学習会の時、岩手へ一晩早く行った。担当は、峯岸卓法政部長であった。関さんと千葉さんと三人で、わんこそばを食べに行った。広い畳式の部屋に長机が並べてあった。若い店員が、一掴みぐらいのそばを、わんこに手早く入れて、これを客が急いで食べる。飲み込むといったほうがいいかもしれない。五十六杯ぐらい食べた。千葉さんが独特な盛岡弁で、まあまあと笑いながら言った。

その後、関さんと千葉さんの馴染みの居酒屋に行った。千葉さんはすぐに帰った。二人で飲み、しばらくしてからホテルまで関さんに送ってもらった。少し早かったので、私はもう一度あの店に行こうとして、タクシーに乗った。「八幡平に行ってくれ」と言って寝てしまったが、途中、運転手から、「どこか知っているのですか」と聞かれたので、「一箇所知っています」と言ったが、あたりは真っ暗で明かり一つもない。「ネオンや灯りがこうこうと照っているところですよ」と言ってここは違うとなり、結局、ホテルに戻った。八幡平ではなく、八幡町だったとは知らなかった。

翌朝、千葉さんにこっそり言ったが、彼は書記長として学習会の司会をしていて、この話をみんなに言ってしまった。みんな大笑いだったが、これが学習会の導入になって、話はうまくいった。学校の授業の導入と同じ効果である。

当時の伊藤聖一委員長と委員長室で話をしていたら、獅子舞や獅子頭の話になった。委員長は、自宅に獅子頭があるとのことで、遠野の自宅まで行くことになった。委員長の車で行ったら、床の間に二頭の獅子頭が鎮座して飾られていた。一頭は緑色の塗りであったが、もう一頭の色は正確には覚えていない。赤か黒ではなかったかと思う。

その夜は、獅子頭の前で委員長のお連れ合いの手料理をいただいた。僕は、小さな時から石垣市の大川という集落で獅子舞を見て育ったから獅子舞を習ったことがある。ただし、わが故郷の石垣の獅子舞は二人でかぶり、一人は頭を一人は尻尾を持つ、四つ足の獅子舞である。

翌朝、柳田國男の民話のふる里、遠野を散策して帰った。そのときは民話の雰囲気はなく、広い広い野原であった

教育研究集会の会場設営のため、岩手に行った時の話である。盛岡市内を中心に、各会場が設営された。花巻のあたりでも、会場と宿泊を予定していた。

宮沢賢治記念館の吉見正信さんに、教研で講演をしていただきたいと依頼に行った。吉見さんは多忙の中、快く引き受けて下さった。感謝の念でいっぱいであった。

ふと振り向くと、見たような人の写真があった。宮沢賢治の横顔の写真であるが、その前年度に教研をした、広島高教組の小寺好さんにあまりにもよく似ていた。一枚購入して広島に送った。高教組の書記局に貼ったらみんなが「よく似ている」と笑いこけていたという。小寺さんは高校の国語、文学の教員をしていたが、ひょっとすると、それは自分が宮沢賢治に似ていたから、というのが理由かもしれない。

花巻は雪の深いところであり、本道から一分ぐらい入ったところに広い和風旅館があり、そ

こに沖縄県の組合員（現場教職員）に宿泊してもらい、雪国の生活を知ってもらおうと考えて、沖教組の教文部長であり、僕の高校時代の同級生でもある宮良豊吉さんに話したら「いいことだ」と快諾を得た。しかし、沖教組は一泊したところ「あまりにも寒いから、盛岡市内に移してくれ」とのことで、翌日、移ってもらった（盛岡市内も寒いのだが）。

盛岡市内も寒いが、八幡町で飲めるからよい、ということであったと後で聞いた。

日教組組織局で現業職員部を作ることになり、私の担当になった。当時の日教組では、現業職員は岩手高教組と大阪高教組が組織していた。私は現状を知るために、岩手高教組を見に行った。現業職員の高橋功さんと現業担当の新田和夫副委員長を訪ねた。委員長は鈴木孝男さん、書記長は菊池昭雄さんの頃であった。現業について、職務内容、学校における位置づけ、待遇などを聞いた。私は以前、川崎工業高校で現業の皆さんと親しくしていたが、実状はあまり知らなかった。

現業職員部の結成総会では、高橋功部長（岩手高）を選出した。当時も今も定員の関係で、専従の中執が置けていないのは残念だ。

盛岡さんさ踊りを案内してくれたのは、新田副委員長であった。

他にも東北では、山形で紅花を見せてもらったり、山形高教組の小泉信三委員長には、鶴岡で日本海からの強い厳しい潮風を経験させてもらったりもした。

秋田では当時書記長の川村豊太さんにお世話になった。また、秋田県立国際教養大学の学長、中島嶺雄先生と川村さんとの三人で秋田で夕食をとりつつ交流したことが印象深い。

(三) 福島県教職員組合との交流

福島へは、学習会に行ったのが初めてであった。福島県教育会館が素晴らしかった。有名な建築家の設計らしい。大きなホールを持ち、何回か日教組も大会をしたことがある。敷地には官舎といわれる、いまにも崩れそうな小屋があり、当時組織部にいた住谷圭造さんの手料理の餃子を食べたことはいい思い出である。

学習会は会館の会議室であったが、夕食は割烹のような料理屋で、高膳での食事であった。当時の会田委員長に清野書記長と私が上座に座り、ロの字型で配膳されていた。二〇数年の日教組生活の中で何度もいろいろな夕食交流会に出席したが、高膳は初めてであり、これ一度きりだったのでよく覚えている。

当時組織部長だった住谷さんは、その後二度も日教組の役員をされた。同時に日教組の総務部長だった山本和夫さんが福島の出でよくお世話になったので、福島には親しみを感じていた。この時お世話になり、その後委員長になられた清野さんが、東日本大震災の津波で原発が破壊された後「放射線は、においもないし、目にも見えない。それで危険であるから、広島、長崎の原爆被害が体で分かった」と言われていたのが印象的である。

また、佐藤徳雄衆議院議員の選挙で、郡山へ行ったこともある。約一ヶ月ぐらい滞在した。その時には事務職員部長の方や、全逓、全電通の仲間とも親しくなった。全逓の仲間が手のひらぐらいの生のシイタケを焼いて少し醤油を垂らして出してくれたが、これが最初で最後になった。感謝している。今でも忘れられない。

福島の教育会館は、私が日教組の中央執行委員に初めてなったとき、四〇〇日抗争の後の日教組大会、すなわち再生大会としての利用であり、その大会で私は書記次長になったので、思い出の尽きない会館である。

（四）福井県教職員組合との交流

福井県教組には、主任制度化反対のオルグで行ったのが最初である。学習会に、共済会の林常務理事（福井出身）と行った。私が提案をした後、質疑の時間があった。最初に手を挙げた組合員から「日教組は、賃金も上げきれないのに、くれるという手当を拠出しろとは何だ」と言われた。僕はそれなりに回答をしたが、現場の視点で言えば、一理あると正直思った。僕も学年主任をしていたからよくわかる。文部省制度手当と言うが、実際に支出するのもある。日教組に帰ってこの話をすると「教頭組合員だろう」とのことであったが、神奈川では、校長、教頭は組合から離れている。これも新しい経験であった。

学習会が終わった後で、林さんに丸岡城を案内された。

※丸岡城は現存する一二天守のうち、野面積みの天守台の上に天守を乗せる笏谷石を加工した石の瓦が葺かれている日本で唯一の城である。織田信長の命を受けて、柴田勝家が築城した。丸岡城天守閣石垣のそばに、「一筆啓上 火の用心 お仙泣かすな 馬肥やせ」の碑が建てられており、この日本一短い手紙に基づいて「一筆啓上賞 日本一短い手紙コンクール」が行われている。

(五) 富山県教職員組合との交流

私が学習会に行った当時、富山県教組は魚津出身の山越唯雄さんが委員長で、元気のいい、精島まゆみさんが女性部長であった。学習会が終わり夕食の後、私は夜行列車で東京に帰ることになっていた。夜の九時頃、富山の駅まで送っていただき、一人で汽車を待つことになった。十時を過ぎた頃の駅舎は、事務所に一人の駅員がいるだけで、待合室には私一人であった。冬の寒い頃だったので、熱燗を飲みながら待っていたが、夜の十二時近くになっても列車が来ない。二本三本と酒は進む（熱燗であったように思うがどこで燗をしたのか覚えていない）。

鞄には鱒寿司と、県教組からもらった富山の高級日本酒が入っていた。鱒寿司は、連れ合いへの土産である。

風の吹き荒れた富山駅で私は一人、寒くて寒くて凍えていた。

夜行列車に乗ったらすぐに寝てしまい、目が覚めたら朝の早い東京駅だった。

今でもこの時を思い出すと、無意識に服の襟を立ててしまう。

（六）石川県教職員組合との交流

石川県は、日教組で組織部長を担当し、後に書記次長となった上田八良さんの出身県であったので、よく行った。最初は実損回復の時だった。教育委員会との交渉には県の役員と、上田さんが参加していた。私は書記局で待機した。結果の報告会には参加して、事の成り行きは知っていたが。少し時間があると教育会館の周辺の林に囲まれた図書館のあたりを見て回った。会館は金沢城にも兼六園にも近い、市の中心地にあった。

実損回復については、田中副委員長が動き、これに続いて政治（自民、社会）も動いた。実損回復の初期の段階であり、この動きについては少数の人しか知らなかった。

大会の挨拶に行ったこともある。上田先輩もいたが、何回も挨拶したとのことで私に回ってきたのだ。一般には、日教組からの挨拶は、当該県の委員長の次にやるが、石川では来賓の一番後であった。挨拶が済んだら、質疑の時間だという。最初に質問したのは、金沢支部の組合員であった。事務職員の賃金についてである。当時、私は専門部対策部長で、事務職員の賃金について知っていたからよかったものの、びっくりした。この時に質問したのは、後に日教組の委員長になる、岡島真砂樹さんだった。

私は、金沢大学移転後の金沢城本丸や石川門、兼六園を見て、二本足の徽軫灯籠を興味深く見た。誰の説明だったたか、金沢城にある日本最初の石の水道路も見せてもらった。

帰りは、茶屋街の居酒屋で、初めてノドグロという魚の煮つけをいただいた。東京では高級魚である。

私のいた頃の石川県教組の委員長は、大浦与三吉さん、杉森外喜雄さん、小関良三さん、福田孝二さん、庄田望さん等であった。杉森委員長の時、「僕は、石川によく行くけど、兼六園の雪吊りは見たことがない」と言ったら、「分かった。集会をその時期にしよう」と言われ、杉森委員長がそのとおりに日程を組んでくださったお陰で初めて雪吊りを見せてもらった。ありがたいものである。沖縄では全く見られない風景で美しかった。

その時の日教組の中執は上瀬雅美さんで、彼は珍しく飛行機が嫌いだったので、海外出張には行かなかった。

上田さんとは、大阪大学の経済学部卒の財政部長の金子敬一さん、高山三男さんと私との四人で、経済学の勉強会などをしていた。これはのちの「現教研」の流れであるように思う。

※金沢城　梯郭式平山城　加賀百万石　前田利家の居城。石川門、三十間長屋、石垣が残る。屋根瓦に鉛を使っている。北陸の寒さに耐えると同時に、いざという時は鉛を溶かし、弾丸にするという。戦後、金沢大学が本丸跡に造られたが、今は移転。他の櫓の復元が進められていて、史実に則した復元整備として注目されている。

（七）三重県教職員組合との交流

当時の山本正和委員長が参議院議員へ挑戦するという時期に、初めて三重を訪れた。西地保宏書記長が、仕事の後「那智の滝」に案内してくれた。私が滝を見たのは中学生の頃、西表島のピナイサーラの滝が最初だ。那智では少し水の流れている、石ころの多い山道を歩きながら滝を見た。その時は知らなかったが、囲碁の黒石の那智は、ここで採れていたのであった。アメリカのナイアガラの滝にも圧倒されたが、三つの滝であった。

松坂で会議があった際に、三重の県会議員の方々にお会いした。当時は社会党など、党の名前で呼ばれていたが、三重は「三重県教組議員団」と言われていたのに驚いた。夜は松坂牛を食べた。今ではいろいろなブランド牛があって、神戸牛やわが郷里の石垣牛もおいしいと言われている。ニューヨークでは三百グラムくらいのステーキを食べたこともあったが、草鞋だと思うほど大きく、草鞋の生肉のような雰囲気があった。

その後も三重には、山本委員長の縁で何度か行って、知人も多く、選挙の仕事も多かった（とても疲れて、三重から帰った後で書記局を二日間ほど休んだこともあった）が、山本さんが参議院選挙で当選されたときなど、感謝されたこともあり、嬉しい思い出もある。

時間のある時に伊賀上野城を訪れたのも思い出だ。この城は徳川家康の命を受けて、築城の名手と言われた藤堂高虎が修復を始めたが、大坂の陣がおさまったことで中止になった。現在の天守閣は昭和のものである。中には忍者の小道具や大道具が数多く展示されていた。当初の縄張りは、大坂城に対抗した構想であったようだが、城そのものは小さい。だが、歴史と特徴のある城であった。

※伊賀上野城　梯郭式平山城、三層三階。築城主は筒井定次。

（八）滋賀県教職員組合との交流

沖縄返還前、総評や日本社会党などの「沖縄連」の呼びかけで、沖縄から東京まで「沖縄返還のための平和行進をする」ことになった。沖縄代表は、沖縄から東京までを歩く。本土では、その沖縄代表が通過する時に、当該県の県評や社会党などの団体がともに歩くことになった。その県内を、沖縄代表と県の関係者が一緒に歩くのである。

東京沖縄県人会は、沖縄代表としてともに歩いた。滋賀県から京都府までが私の担当であった。その時に、滋賀県評の議長として、山元勉さんが歓迎の挨拶をされた。山元さんは、その後、衆議院議員になられている。

沖縄代表は日本山妙法寺の山田真山さんと、石川元平さんが挨拶された。石川さんは数年後に沖縄県教組の書記長と委員長を歴任されている。

後年、滋賀県教組から佐野由美女性部長が日教組に来ていて、その縁で学習会に呼ばれたことがある。ホテルからの琵琶湖の眺めが素晴らしかった。わが故郷の海よりも大きい。これは実感としてそう思った。

当時の滋賀県教組山森正委員長が、自ら運転される車であちこちを案内してくれた。渡岸寺で十二面観音の仏像について説明を受け、他にいろいろ歴史のことを教えてもらった。とても詳しかったが、後日聞いたところによると、山森委員長は中学校の社会科教員であったとの由。

その後、安土城に案内してもらった。大きなアスファルトと地続きで安土城跡がある。下の方は、石は大きいものの野面積みのようだった。上に行くほど上級武士の陣屋があり、最上階に天守があって織田信長が君臨したという。その時の天守閣は模型化されていて、安土駅の近くにある。これも素晴らしい。

彦根城にも案内してもらい、詳しい説明を聞いた。

※安土城跡　山城、地上六階地下一階。築城主は織田信長。

※彦根城　連郭式平山城、三層三階地下一階。築城主は井伊直継。

（九）兵庫県教職員組合との交流

私が初めて兵教組に行った時は、委員長は本岡昭次さんで、書記長は姫路の松尾司さんだった。数年後、松尾さんとはチュチェ思想研究会で、朝鮮民主主義人民共和国に一緒に行くことになった。私は姫路城が好きで、何回か姫路を訪ねたことがあったが、松尾さんとの出会いをきっかけに姫路教組とも付き合いができた。

厳しかったのは主任制闘争時で、兵教組が二時間のストを構えた時、闘争指導をした。中小路清雄書記長から「兵庫に行け」と言われて行ったのだが、これがスト指導であった。初めての経験だったので真剣だったが、スト解除が含まれていたので、その判断が厳しいものだった。結果的には、中小路書記長の意見を、私はただ伝えた形になった。夜の二時か三時頃、書記長に電話して決まったが、その時の本岡さんや当時の書記長の石井亮一さんをはじめ、兵教組の組合員のことを今でも覚えている。しかし、私にはいい経験であった。

そのこともあって、本岡さんが選挙に出馬された時は、人一倍がんばった。真面目な本岡さんを見てきたので、本岡さんの地元の三田まで行った。本岡さんは当選し、参議院の副議長になって引退された。

兵教組では宿泊も、朝、昼、晩の食事も、兵庫県教育会館だった。本岡さんの後に委員長になった石井さんがいる時は、神戸牛のステーキが出た。神戸牛のステーキは後にも先にもその時だけだったと思う。

四〇〇日抗争の最中、第63回臨時大会が、石井亮一兵庫県教組委員長（代表委員）の努力で、神戸で開かれた。日教組書記局費（主に書記の給与）、救援闘争資金など、諸組合費が納入された。左派は闘争救援金が入ってほっとした。反主流派は、どうせ分裂するのに、高い組合費を日教組に払うことに逡巡した。これが、福島再団結大会への足掛かりを作ったかもしれない。

兵教組からは、戸田恒美さんが書記次長として日教組に出ていた。私が書記長の時である。彼は後に書記長になり、阪神・淡路大震災の時は、ひび割れの入った県教育会館でボランティアの指導をして、よく頑張った。

私は姫路城が好きで、松尾さんを頼ったり、姫路の市会議員の加藤さんに案内されたり、一人で行ったりしている。改築中の城も見ている。世界文化遺産に登録された後はさらに、その周辺も含めて素晴らしくなった。日本の城の代表、国宝である。

※姫路城　平山城、天守閣他多種現存。大天守に三つの小天守の複合建築。

（一〇）広島県高等学校教職員組合との交流

岸槌和夫委員長、小寺好書記長の時によく行っていた。学習会や講演や教研集会である。私は教研で、「人権と民族」の後に「人権教育」の分科会の担当を五～六年やった。きっかけは、広島から来た花咲清康中執が病気になったので、当時、組織部にいた私が担当することになった。私は部落差別の問題については「無知」に等しかった。しかし、沖縄差別については当事者として感じていたし、少しは知っていた、これが事の始まりである。

この分科会には部落解放同盟系の組合員と、全解連系の組合員とが参加しており、研究の場ではあるが、運動論も含むので、しばしば対立することもあった。当時、日教組は解放同盟と友誼関係にあったが、運営委員、司会者、助言者は中立に運営することを心がけていた。

広島での教研が、最も対立の激しい時であったかもしれない。会場は広島高教組が設営した、高校の体育館であった。次の教研が岩手であったから、宮沢賢治の写真を小寺さんに送ったことになる。

「日本における差別の構造」の講演を広島高教組から頼まれ、高校の体育館いっぱいの組合員の前で講演したが、冷や汗をかいた経験がある。当時、私は日本における「構造的差別」についてては意見をもっていたが、部落差別についてはその歴史をはじめ、充分な知識をもっていなかった。

前泊は高校会館であったが、その日は、岸槌委員長の自宅へ泊まることになった。お連れ合いと委員長の二人だったと思うが、「松茸」を採って来るからと裏山に行かれたが、一時間ばかりして戻られると庭に七輪を置いて、松茸を焼いてくれた。松茸は小篭にいっぱいある。委員長が「こんな沢山の松茸は、一生食べられないはずだ」と言われたが、それは正しく、いまだにあんなに沢山は食べたことがない。感謝している。

広島では肉厚のふぐ刺しもいただいた。これも懐かしい。この時は、小寺さんと数名の組合員で会館で食した。一般的には、ふぐ刺しは透き通るように薄いものだ。広島の厚手のふぐはもう食えない。

広島に行くたびに、必ず原爆資料館に行っている。長崎、沖縄と、戦争の被害は忘れたくない。被爆者への追悼と、戦争はしないとの誓いを忘れないためである。核廃絶は人類の課題である。

宮島は源平の、さらには日本の歴史を知るうえでも見たほうがいいところだ。海に浮かんだ寝殿造りの厳島神社の景色はめずらしくもあり、平家の歴史を今に伝えている。

（一一）福岡県教職員組合、福岡県高等学校教職員組合との交流

福岡県教組、高教組会館が箱崎に移った。県庁も移った。箱崎は以前に行ったことがあった。私が琉球大学の副手をしていた時に、学会か見学で箱崎にある九州大学を訪れていたのだ。空港からか博多の駅からか、とにかくキャンパスにたどり着いた。化学の先輩がいて案内されたが、物理や化学の実験施設の設備の多さと、高価なものがあることに驚いた。しかし今の九大の雰囲気とは大きく違っていた。

県教組の梶村晃委員長にお会いして、日教組の運動、特に平和運動、平和教育を詳しく教えてもらった。日教組はもっと力を入れるべきだ、と言われたことを覚えている。

鳥取大会では産別対策費を計上したが、疑問を呈された。「全教系がまだ出てもいかないのに、対策はおかしい」とのことだった。東京では全教が出ていくことは予想がついていたが、

結局この大会に全教系は参加しなかった。

福岡県出身の横山英一日教組委員長が誕生したのを記念して、定期大会をお願いした。時の委員長は、中村元気さんであった。槙枝委員長退任の時の岡山大会は、右翼の大きな妨害があった。今回も都市部で開催するので案じていたが、それほどでもなかった。もちろん、福岡県高のみなさん、県評のみなさんに、警察のみなさんのおかげである。その時、ある福岡県出身の放送記者が、マイクを握って放送し、父母に自分の姿を見せたいと言っていたが、これもかなえられて大成功であった。

第80回定期大会は、いわゆる文部省との和解大会で、組合員の理解を得るのが大変であったが、中村元気委員長の努力は相当なものだったと思う。直接には横山委員長から依頼されたと思うが、改めて感謝したい。

神本美恵子さんの参議院選挙の時、私は財布を失くしたが、数日して警察庁のT課長から電話があり、福岡で失くした財布が戻ってきた。一万円が入っていたが拾った人にお礼としてあげたと言われた。僕の名刺が入っていたから届けられたのかもしれない。

高教組の大塚和弘委員長にもお世話になった。日教組の運動に対しては厳しく、新しい運動を提起すべきだと言われていた。党派的でもあった。コーヒー一杯で二～三時間話し込んだこともある。ある時は、ご自宅の増築した二階で古典音楽を聴いたこともあった。その時は、お連れ合いがコーヒーをいれてくれた。

（一二）大分県教職員組合との交流

第75回定期大会の依頼に行ったのが最初であった。江藤匡一委員長に、南征一郎書記長の時であった。

江藤委員長に、「あなたは、沖縄の出身だが、右だ。大分で大会をやるなら、右寄りの大会にしたくない。日教組の伝統を生かした大会にしてほしい」と言われ、保留になった。二回目にお会いした時は、沖縄人としての意見は言わなかったが、私は憲法九条の「非武装中立」の考えであると、キリスト教徒としての考えを述べたつもりである。南書記長と話しなさいとのことで、その時は豊後竹田城（岡城）を見て帰った。

結局、大会の実務的なものは、南書記長と詰めることになった。書記長の自宅が別府だったので、私は別府で宿屋をとった。ある時に大分の書記局に行く機会があり、外でタバコを吸う人がいたのでその理由を聞いたら、書記局は禁煙だと言う。南書記長が決めたらしい。

その時は日教組本部を含め、書記局を禁煙にしたところは皆無だった。学校の職員室でも、まだ禁煙は少なかった。日教組の中執で私が提案したら、「今日の議題にはない」と槙枝委員長に脚下された。その時分に私は、禁煙運動、禁煙教育に熱を入れていた。「禁煙教育」の月刊誌を平沢中執と発行したりもしていた（三回で廃刊になったが）。

最終的に大分での大会は、大分県教組と日教組の総務部長とで成功させた。大会当日、会場のバックスクリーンには、豊後竹田城の力強い石垣が描かれていた。南書記長に頼んだのが実現した。感謝したい。日教組の大会で城がモデルになったのは、これが初めてである。

私は副委員長として、大会最後の閉会宣言をやることになっていた。バックに映る豊後竹田城の話をして、武田節の「人は石垣、人は城」は労働組合、日教組の組織論にも通じるものだと挨拶（閉会宣言）を結んだ。

※豊後竹田城　石垣を残すのみだが、その石垣がほぼ垂直に立っていて素晴らしい。当時朝鮮の石工が積んだのか、朝鮮で鍛えた日本の石工が積んだのか立派である。瀧廉太郎の「荒城の月」の城のモデルと言われ、瀧は竹田に住んでいたこともある（「荒城の月」については異説もある）。

（一三）茨城県教職員組合との交流と幻の川崎教研

教育研究集会はいつも会場探しが大変だった。ある時、今年は東京らしいと書局内で噂が立っていた。その時の会場設営担当は私で、すでに東京の体育館を東京出身で総務部長の山中正和さんにおさえてもらっていた。日教組の大会や教研の会場が事前にわかってしまうと色々大変なことになるので、その噂が立った時、私は当時茨城から出ていた教文部長の山口俊司さんの席に行き、大きな声で「今年の教研は、茨城で頼む」と多くの人に聞こえるように言った。山口さんは、県と相談します、と返答してくれた。

その後、大川慶一元茨城県教組委員長に会いたいと言われ、山口さんと水戸へ行った。大川さんは元日教組の総務部長で、いわば私の先輩でもある。当時は県の人事委員の仕事をされていた。大川さんは水戸駅で待っていてくれて、駅のレストランで会食をしたが、教研の話は互いにしなかった。茨城では教研をやったばかりだったので、再びやるとはいかないことがわかっていたからだ。

かつて、茨城で教研集会を開催したとき、水戸ではアンコウ鍋がよく食べられていた。茨城教研の期間中、その専門店は毎日のように満杯であった。私は石垣島の出であるから、魚は子どもの頃からよく食べたが、アンコウは骨が違う。石垣の魚は骨が細くて多く、気を付けないと喉に刺さる。アンコウの骨は荒くて大きく、喉に刺さるようなものではない。これは大きな違いだった。

結局、その年の教研は色々あって延期され、分裂集会になってしまった。

実は、東京の体育館は神奈川県に近い、大田区の体育館をおさえてもらっていて、教研は初日の全体集会を、川崎で開催するつもりであった。私が会場設営を担当するのが最後であることもあって、川教組の森山定雄委員長にお願いした。森山委員長はすぐに池田輝夫教育長に話をつけ、川崎市の体育館や公的な施設を借り始めてくれていた。その矢先に延期が決まってしまった。

池田教育長にも森山委員長にも誠にすまぬことをした。心からお詫びしたい。

まさに、幻の川崎教研となってしまった。

茨城県教組との関係はその後も続き、私が中教審委員の時は、教育基本法改正論議の件で講演にも行った。その会場には、大川さんの娘さんが教員として、また、茨城県教組の組合員として参加されていた。娘さんがそのことを大川さんに話されたようで、そのことを大川さんの自宅で、お連れ合いの手料理とお酒をいただきながらお聞きした。「真面目に話したようだな」と言われたことを覚えている。お連れ合いが「そろそろお墓もつくらなくては」と言っていた。

大川さんが亡くなられた時、そのお連れ合いから丁寧なお手紙で、「お墓を新しく建立して大川を安置した」とお知らせいただだいた。

私の一つ前の総務部長も茨城からで、鈴木昭一さんが担当された。日教組の総務について右も左も分からなかった私は、鈴木さんにもとてもお世話になった。その鈴木さんも他界されている。先輩方に改めて感謝し、ご冥福をお祈りする。

参考図書・資料名一覧

1.『日教組四十年史』(日本教職員組合編、労働教育センター、一九八九年)
2.『沖教組十年史』(沖教組十年史編集委員会編著、沖縄県教職員組合、一九八五年)
3.『いつかは誰かが：行政側から見た沖縄の主任制闘争』(前田功著、私家版、二〇〇五

年）
4. 『歴史としての日教組』（上・下）（広田照幸編、名古屋大学出版会、二〇二二年）
5. 第56回日教組定期大会速記録
6. 第57回日教組定期大会速記録
7. 第58回日教組定期大会速記録
8. 第60回日教組定期大会速記録
9. 第64回日教組定期大会議案書、同速記録
10. 第68回日教組定期大会議案書、同速記録
11. 第72回日教組定期大会議案書、同速記録
12. 第80回日教組定期大会議案書、同速記録
13. 『いま、開かれた教育の世紀へ—日教組の挑戦』（日教組21世紀ビジョン委員会編、第一書林、一九九五年）

あとがき

この本は、日教組の運動や運動方針を書いたものではありません（それらについては、日教組の「正史」をお目通しください）。私が日教組にいた二〇年の間の節目の定期大会のことと、お付き合いいただいた一部の方々との交流を、日教組の中執だった立場で書いています。このことは、各単組と日教組本部のかかわりであり、私個人だけでできたことではありません。私が実際に経験した、日教組の単組や組合員、個人個人が、その時、その場で発言したことをもとに書いていますが、それが生きた資料として、日教組を支え、日教組の運動を創って、動かしていると思います。

この本は、いわゆる、四〇〇日抗争については、私は一方の当事者でしたから、日本大学の広田照幸先生の『歴史としての日教組』（名古屋大学出版会、二〇二〇年）から先生の快諾を得て、一部転載させていただきました。また、文部省（文部科学省）とのいわゆる「和解」については、いまだに私の総括ができておらず、問題提起にしてあります。今後の課題です。

書名は『日教組のけもの道　組合員の生きた運動と交流』としました。これは、私の教育評論の『日教組の散歩道～日教組の結成と教育研究集会・教育への想い～』（郁朋社、二〇〇九年）の次の本だからということで、朝日新聞編集委員の氏岡真弓さんの命名です。

なお、執筆にあたり、原稿の整理や校正、出版社との交渉は、教育文化総合研究所の金親里美さん、登場する人や大会に関する資料は、日本教育会館附設教育図書館の川内美恵子さんにご協力いただきました。また、発行にあたっては、アドバンテージサーバーのみなさんにお世話になりました。

感謝しています。ありがとうございます。

節々の運動等に対する総括と国際関係の運動については別書にゆずります。

追伸：本文中に出てくるお名前については、調べはしましたが、記憶違いのものもあるかと思います。お名前に間違いがありましたら申し訳ありません。訂正や追加したいご意見等は、出版社にお送りください。増改訂の時に記載します。ですが、僕は九〇歳ですから、書けない時は、かの良き地から書いてお送りしたいと思っています。

最後に、私の日教組での二〇年は、家族（妻・弘子、長博、敦子、慎子、美来）に迷惑をかけっぱなしでした。ここに感謝し、お許しを願いたいと思います。

二〇二三年六月五日　石垣島の生家にて　　渡久山 長輝

【著者略歴】

渡久山 長輝（とくやま　ながてる）

1934（昭和９）年　沖縄県石垣市生まれ
登野城小学校、附属中学校、八重山高校卒業
1955～56（昭和30～31）年　名蔵、由布で教鞭をとる
1960（昭和35）年　琉球大学理学部卒業同副手
1964（昭和39）年　川崎市立工業高校他で教鞭をとる
1977（昭和52）年　日本教職員組合（日教組）中央執行委員、書記次長、副委員長、書記長などを歴任
1990（平成２）年　障害者雇用審議会員
1996（平成８）年　日本教育会館館長
2002（平成14）年　（財）全国退職教職員生きがい支援協会理事長
中央教育審議会委員
2018（平成30）年　琉球大学名誉博士

著書に『沖縄と日本本土』（労働教育センター、2000年）、『日教組の散歩道～日教組の結成と教育研究集会・教育への想い～』（郁朋社、2009年、他）

日教組のけもの道　組合員の生きた運動と交流

2024年3月15日　第1刷発行

著　者　渡《と》久《く》山《やま》 長輝《ながてる》

発行者　梶原　貴

発行所　株式会社アドバンテージサーバー
〒101-0003　東京都千代田区一ツ橋2-6-2　日本教育会館
TEL：03-5210-9171　FAX：03-5210-9173
URL：https://www.adosava.co.jp

印刷･製本　モリモト印刷株式会社

落丁、乱丁本はお取り替え致します。

ISBN978-4-86446-085-9　C0037